法制建设与法律意识
培养研究

陈 媛 著

北京工业大学出版社

图书在版编目（CIP）数据

法制建设与法律意识培养研究 / 陈媛著 . — 北京：
北京工业大学出版社，2021.2
ISBN 978-7-5639-7848-9

Ⅰ . ①法… Ⅱ . ①陈… Ⅲ . ①社会主义法制－建设－
研究－中国②公民－法律意识－能力培养－研究－中国
Ⅳ . ① D920.0 ② D920.4

中国版本图书馆 CIP 数据核字（2021）第 034195 号

法制建设与法律意识培养研究
FAZHI JIANSHE YU FALÜ YISHI PEIYANG YANJIU

著　　者： 陈　媛

责任编辑： 郭志霄

封面设计： 知更壹点

出版发行： 北京工业大学出版社

　　　　　（北京市朝阳区平乐园 100 号　邮编：100124）

　　　　　010-67391722（传真）　bgdcbs@sina.com

经销单位： 全国各地新华书店

承印单位： 天津和萱印刷有限公司

开　　本： 710 毫米 ×1000 毫米　1/16

印　　张： 9.5

字　　数： 190 千字

版　　次： 2021 年 2 月第 1 版

印　　次： 2022 年 5 月第 1 次印刷

标准书号： ISBN 978-7-5639-7848-9

定　　价： 60.00 元

作者简介

陈媛，女，汉族，1985年11月出生，河北石家庄人。2013年毕业于南开大学法学院，取得法律硕士学位。现为中共唐山市委党校社会和生态文明教研室讲师，长期从事法律和社会政策方面的教学和理论研究工作。近年来在《中小企业管理与科技》《现代营销》《现代农业研究》《现代经济信息》等省、市级以上刊物发表论文数十篇，并多次主持参与省、市级专项课题研究。

前　言

随着社会的不断发展以及法制现代化建设进程的持续推进，人民群众对于法律的认可度、服从度及信任度不断上升，究其根本，在于公民法律意识培养工作已经初见成效。在法制现代化建设中，公民法律意识的培养极为重要，公民法律意识是法制形成的心理和思想基础，是法制运行的思想保证。因此，要想促进现代化法制建设，就必须充分重视公民的法律意识培养工作，做到立法程序公正，并且扩大立法过程中公民的参与范围，重视公正执法，充分维护公民的基本权益，让公民感受到法律的权威性，自觉遵守法律法规。

全书共六章。第一章为绪论，主要阐述了法的起源与历史类型、社会主义法概述、法制视角下的国家与社会等内容；第二章为中国法制建设的历程，主要阐述了新中国成立初期的法制建设、法制建设的曲折发展、拨乱反正与恢复法制以及新时期法制建设的发展等内容；第三章为法制建设之政治体制，主要阐述了法制建设与社会主义政治文明建设的关系、中国政治体制改革进程等内容；第四章为法制建设之经济体制，主要阐述了法制建设与经济体制实践效应、法制建设与社会主义市场经济等内容；第五章为法制建设之教育体制，主要阐述了普法教育和法学教育等内容；第六章为法制社会公民法律意识的培养，主要阐述了中国公民法律意识的现状和中国公民法律意识的培养等内容。

为了确保研究内容的丰富性和多样性，作者在写作本书过程中参考了大量理论与研究文献，在此向涉及的专家学者表示衷心的感谢。

最后，限于作者水平，加之时间仓促，本书难免存在一些疏漏，在此，恳请广大读者朋友批评指正！

目 录

第一章　绪论

法是一个阶级概念和历史的范畴，它不是从来就有的，也不会永远存在，它是阶级社会中特有的现象。法是统治阶级意志的表现，是由国家强制力实施的。法是由国家权力机关（国会、议会或全国人民代表大会等）通过制定的，是由享有执法权的强制机关执行的，因此，国家与法是相辅相成、密不可分的关系。法是不偏不颇、公平正直的，法的基本含义是公平。本章主要从法的起源与历史类型、社会主义法的本质和基本特征、法制视角下的国家与社会等角度进行研究。

第一节　法的起源与历史类型

一、社会主义法律基础

在古代汉语中，法具有"平""正""直"的含义，律是古代调音的工具，后来被引申为规则。"法律"一词在清末民初才被广泛采用。随着社会的发展，到了现代，法律有了更深层次的含义。按照机构的不同，法律可以分为两种：一种属于社会规范，它是国家制定的并要求强制实施的；另外一种属于规范性文件，它的制定机构是国家的立法机关。概括地说，法律是由国家制定或认可的，以权利义务为主要内容的，体现国家意志，并以国家强制力为后盾的行为规范。

法律是一门科学，本身有其内在规律性。社会主义法律基础包括的内容很多，可以从法学理论上讲起，也可以从法律的实际使用方面讲起。中国是社会主义国家，其法律是广义范畴的社会规范，体现的是全国人民的意志，是由国家制定并强制实施的，要求每个人必须遵守。学习和掌握社会主义法律基础知识，对于我们提高法学素养和法律素质，增强法律意识和法制观念，知法、懂法、守法、用法，做好立法、执法、司法工作，都具有基础性的作用。

二、法的起源

由于具体历史条件的差别，以及文化传统的不同，尤其是世界各个地区生产力发展水平的差异，在不同国家、不同民族，法的起源呈现出不平衡和错综复杂的情况，比如，在雅典，由于处于氏族内部上层阶级的贵族和普通公民经常发生争斗，由此产生了法；同样在罗马，也是由于普通公民和氏族内部贵族的争斗完全破坏了氏族组织，从而形成了法。虽然在不同国家、不同民族，法的起源有其特殊性，但所有国家、所有民族法的起源具有必然性和统一性，遵循着一般规律。

（一）法的起源是多种因素相互作用的结果

马克思主义法学认为，法不是从来就有的，也不是永远存在的。在人类历史上，随着社会的发展，出现了国家和阶级，同时就会有矛盾的发生，由此产生了法。阶级社会法律体现的是统治阶级的意志，维护统治阶级利益，具有很大的局限性。法不是在人们长期的社会生产和生活中自发形成的，法的起源是由多种因素造成的，是多种因素相互作用的产物。其中，人的需要是推动法的起源的原动力，如果没有人的需要，法律不会产生。社会基本矛盾是法起源的根本动力，如果没有生产力与生产关系、经济基础与上层建筑的矛盾，法也不会产生。另外，人的智力的发展、思维水平的提高以及社会事务的复杂等，都对法的起源起了重大作用。

（二）法的起源是由个别调整到规范性调整的过程

法在产生之初对人们之间的关系的调整属于一次性的个别调整。个别调整主要由个别现象的偶然性体现出来，像刚开始的商品交换，它的主要方式通常和具体的情况相联系，有很强的针对性，而且还带有一定的偶然性和任意性，每次调整很难保持一致性。随着某种社会关系发展为经常的普遍的现象，个别调整规则渐渐成为一种行为规则，它需要所有人共同遵守，由此逐渐发展到规范性调整，规范性调整是把这种行为规则通过类型化、制度化的形式表现出来。规范性调整让人们逐渐脱离了偶然性和任意性，它只提供一种行为的固定模式，使社会秩序更稳定。当然，规范性调整是一种典型性行为方式，而具体情况是千差万别的，所以在社会关系的调整过程中，通常在规范性调整的基础上还需要辅之以个别调整。

（三）法的起源是由习惯法到成文法的过程

随着生产力的发展，社会分裂为利益不同的阶级。统治阶级为了维护自身的利益，体现自身的意志，强迫社会所有人适应有利于统治阶级的社会秩序的习惯，摆脱相反的习惯，经过一段时期的发展进一步形成了特殊的社会规范，所以习惯就成了习惯法。最初的法规范大多是由习惯演变而来的。阶级社会的习惯法与原始社会的习惯有某种质的区别，习惯法是由国家认可并赋予国家强制力的完全意义上的法，具有国家命令的性质，由国家强制力保证实施。社会逐渐发展进步，习惯法也随着完善而演变成成文法。最初的成文法还不成熟，只是整理和记载当时的习惯法，经过进一步的演变和发展，成文法逐渐成熟，开始自主制定新的法律规范，不再依赖习惯法。

（四）法的起源是法律与其他社会规范分化并相对独立的过程

法萌芽之时，与道德、习惯、宗教等社会规范混为一体，与它们并无明显界限，甚至法本身就具有这些社会规范的属性。随着社会的发展，人们积累了更多的管理经验，能够清楚地区分对社会性质有影响的各种行为，从而逐渐把法从道德、宗教等社会规范的混沌一体中分化出来，成为相对独立的社会规范。

三、法的历史类型

法的产生不是一朝一夕的事情，而是经历了漫长的演变和发展过程。其演变、发展过程如图 1-1 所示。

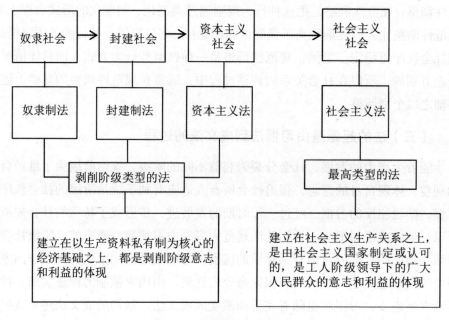

图 1-1　法的演变、发展过程

（一）奴隶制法

奴隶制法是人类社会发展史上最早产生的剥削阶级类型的法。它是在原始公社制瓦解的过程中，随着奴隶制国家的产生而产生的。古代埃及、巴比伦、印度和中国等奴隶制国家，都曾有比较完备的奴隶制法。古印度的《摩奴法典》、中国周朝的周礼和《吕刑》，都是很有代表性的奴隶制法。公元前18世纪古巴比伦的《汉穆拉比法典》，是世界上迄今为止保存基本完整的最早的成文法典。最早的一部成文法是《十二铜表法》，它是古罗马在公元前449年颁布的，是以最早的习惯法为依据制定出来的。对后来的社会发展产生很大影响的奴隶制法律文献是《查士丁尼民法大全》，它是东罗马皇帝查士丁尼在公元6世纪制定的。

在奴隶制社会产生了奴隶制法，奴隶制法的内容决定于奴隶主阶级的物质生活条件，它主要维护的是奴隶主阶级的利益，体现了奴隶主阶级的意志，它是由国家制定并且强制实施的行为规范的总和，以巩固和发展奴隶主阶级的社会关系和社会秩序为目的。虽然各国奴隶制法的产生、表现形式和具体规定都有所不同，但都严格保护奴隶主阶级的财产权和对奴隶的占有权，惩罚手段极其残暴、野蛮，普遍地带有原始公社行为规范的残余，从中可以看出一些原始社会遗留下来的行为规范，主要体现的是奴隶主阶级的利益。

奴隶制法在不同国家和地区由于奴隶制生产关系的发展程度不一而各有其特点，但是，作为一种历史类型，不同国家、不同地区的奴隶制法具有共同的基本特征。

1. 维护奴隶主阶级的利益和奴隶制的生产关系

奴隶制法的基本职能在于严格维护奴隶主阶级对奴隶及财产的占有。在奴隶制国家制定的奴隶制法里，大多数规定都是对奴隶主财产的保护，像最初的《十二铜表法》里明确规定，债务人如果不能偿还债务，便要以身抵债，沦为奴隶，有的甚至被处死；奴隶没有人身自由，可以被奴隶主任意支配，在奴隶主之间互相买卖、互相赠送，有的成为奴隶主的娱乐品，更甚至有的奴隶沦为殉葬品，奴隶主可以任意处置直至杀死奴隶而不承担法律责任。奴隶制法排除他人对奴隶主占有奴隶权益的侵犯，将盗窃、藏匿他人奴隶，帮助奴隶逃跑或破坏标志奴隶身份的印记等视为动摇奴隶制的犯罪行为，要处以包括死刑在内的严厉的刑罚。

2. 确认身份的不平等

为了调整奴隶制的社会关系，奴隶制法不仅明确规定、维护奴隶主对奴隶的不平等关系，并且在民众之间进行等级的划分，不同等级的自由民有不同的权利和义务，在服兵役、工役、犯罪和刑罚、制礼作乐以及通婚等方面都有严格的差别。如古印度制定的《摩奴法典》明确规定了种姓制度。不同的等级之间不能通婚，与低种姓通婚者将丧失其原有的等级身份。

其中种姓由高到低的划分如图1-2所示。

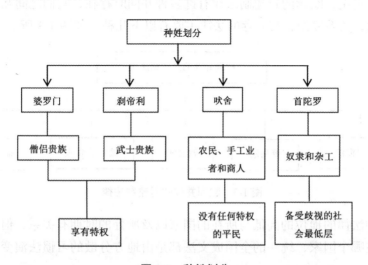

图1-2 种姓划分

3.规定的惩罚方法极其残酷

在奴隶制法中，奴隶没有人权，其受到的刑罚五花八门，主要有人格被侮辱、被恐吓以及身体被损害。在中国的奴隶社会里，夏朝时期刑罚最多时不下30种，西周时期周公倡导"德治"将刑罚减少到五种，即墨、劓、刖、宫、大辟；死刑不仅适用于杀人罪，也适用于盗窃罪、诬告罪或过失犯罪，甚至适用于"群饮"，按照周公发布的《酒诰》规定，周人"群饮"者要处以死刑。

4.带有原始习惯的某些残余

奴隶制法有不少是对原始习惯的认可和改造，因而带有原始习惯的残迹。古罗马《十二铜表法》中家长可以买卖孩子、有畸形的婴儿可以被杀死、可以用受到同等伤害的方式去互相报复等，这些规定都具有原始习惯的特征。

（二）封建制法

封建制法是继奴隶制法之后又一剥削阶级类型的法。随着奴隶制社会过渡到封建制社会，出现了封建制法。封建制法不仅没有把等级制废除，还在奴隶制法的基础上变得更加完善，奴隶制的等级特权被封建等级特权所代替，形成了阶梯式的封建等级制度。封建制法在中国发展有两千多年了，全世界进入封建社会最早的国家，其中之一就是中国。中国形成比较系统的法典是在秦汉以后的各个朝代。其中，在中国历史上，战国时期出现了第一部比较系统的封建制法典，即《法经》，它是由魏国丞相李悝著作的，后期在中国出现的封建制法的典范是唐律。

在中世纪，欧洲的封建制法律有许多种并同时存在，它们之间互相联系、互相制约，关系复杂，其并存的法律主要有以下几种，如图 1-3 所示。

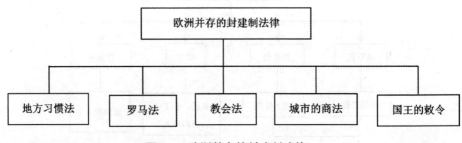

图 1-3 欧洲并存的封建制法律

各种法律的地位的高低与所在的国家以及所处的时期有关，但无论什么时期、在哪个国家，统一的全国成文法都是由地方分散的习惯法演变而来的。

英国国王通过王室法官的巡回审判，有选择地适用地方习惯法而形成的判例法，使英国法系成为欧洲封建制法的典型形式。

封建制法是封建制经济基础的重要上层建筑，其内容由封建地主阶级的物质生活条件决定。它同奴隶制法类似，主要是对封建土地私有制的保护，确认农民对封建主的人身依附关系和封建等级特权制度，确认运用武力和战争手段解决纠纷为合法，维护封建地主阶级的残暴统治地位，具有浓厚的宗教色彩。

封建制法建立的基础是封建生产关系，它主要体现的是地主阶级的意志，维护封建社会关系及秩序，使封建地主阶级成为统治者。由于自然地理环境和经济、政治、文化发展状况的差异，在人类社会向封建社会的过渡过程中，各国有不同的途径，在经济结构、政治结构和思维方式等方面均有各自的特色，这使得各国的封建制法具有各自的特色。但是，封建制法作为法律的一种历史类型，内含封建制的本质，存在着诸多普遍性特征。

1. 严格保护封建土地所有制

严格保护封建土地所有制是封建制法的根本内容和根本任务。欧洲各国封建制法普遍规定了封建地主阶级对土地的完全占有权，为了防止土地分散、任意转让土地引起封建门庭衰落而削弱封建地主的经济实力，世界各国法律规定了长子继承权。对于破坏封建土地所有制及私有财产的行为，法律都要严惩。

2. 确认和维护农民对地主的人身依附关系

中世纪的欧洲广泛实行农奴制。农奴制把农民完全束缚在封建主的土地上，农奴制下的农民不仅经济上受封建主的剥削，而且人身也由封建主完全占有，没有独立的法律地位和完全的法律人格。虽然农奴不像奴隶那样被任意体罚或杀害，但也属于封建主的财产，没有人身自由，可以连同土地一起被抵押、转让、买卖。

3. 确认和维护封建等级特权

封建地主阶级内部的封建等级非常严格，特权的享有根据等级来划分。皇帝是全国土地的最高所有者，是政治上的最大特权者，在法律上享有至高无上的权威，"口含天宪""出言为法"。皇帝下面的所有贵族享有的特殊权利根据占有封地的多少以及爵位的大小来确定，在经济上他们也有特殊的权利，即免除赋税和劳役，在政治上享有充任官职的特权，在司法上享有减免刑法的特权。

4.刑法严酷，野蛮擅断

封建制法限制人民的言论自由，人们不能碰触封建统治阶级的利益，否则就被定为犯罪。封建制法都是惨无人道的刑罚。像德国的《加洛林法典》就有许多残酷的刑罚；在中国，封建制法还设置了族刑和连坐制度，在司法上实行有罪推定、秘密审判和刑讯逼供等。

（三）资本主义法

资本主义法是社会生产方式发展到资本主义历史阶段的产物，资本主义制度的产生是由于封建统治阶级被资产阶级革命所取代。由于资产阶级革命的方式不同，资本主义法产生于不同国家，就出现了不同的形式和特点。英国资产阶级政权建立以后，很多封建制法仍然被保留下来，但是根据国家的情况被不断完善，由此出现了英国法系，它具有自己独特的性质。而美国不同于英国，美国资产阶级政权的建立基础是推翻了英国殖民统治，美国法继承了英国法律制度的基础和传统，形成英美法系。法国的封建制法被彻底推翻后，依据罗马法制定了新的法国法，以1804年制定的《拿破仑法典》为代表。德国、日本等国的资本主义法都在不同程度上借鉴了法国法，在罗马法特别是《拿破仑法典》的基础上发展为大陆法系。

从历史上看，资本主义法取代封建制法是历史的必然，它使劳动者从人身依附下解脱出来，成为"自由的劳动者"；在法律上确认和维护资本主义财产权神圣不可侵犯，逐步从封建专制、等级特权过渡到资本主义的自由平等，具有一定的进步意义。然而，从本质上看，资本主义法的形式与内容并不一致。资本主义法宣布"法律面前人人平等""契约自由"和"实行法治"，但实际上给了资本主义更大的权力，资本主义法从自由竞争时期发展到垄断时期，资产阶级法的本质并没有根本性改变。

资本主义法是第三种历史类型的法律，是最后一种剥削阶级的法律。随着资本主义社会从自由竞争阶段过渡到垄断阶段，资本主义法律也由近代型发展为现代型。现代资本主义法与近代资本主义法在本质上一致，但也有很多方面的不同。

1.近代资本主义法

近代资本主义法维护的是资产阶级的利益，体现了资产阶级的意志，是依据资本主义的经济建立起来的，积极推动了资本主义生产方式的发展。

为了符合近代资本主义的生产方式，近代资本主义法的基本特征有以下几点，如图1-4所示。

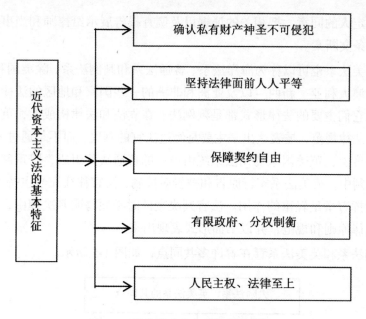

图 1-4 近代资本主义法的基本特征

近代资本主义法以保障私有财产不受侵犯、保障契约自由、保证人民平等的法律地位为目的，有了较大的进步，因此近代资本主义生产方式得到快速的发展，在此时期利益得到最大化。

2.当代资本主义两大法系

法系是指根据法律的历史传统和起源、法律在形式和结构上的特征、法律实践的特征、法律意识和法律在社会生活中的地位来对法律进行分类。在这些方面具有相同特征的国家的所有法律都属于同一法律体系。资本主义国家的法律体系可以概括为两种：一个是大陆法系；另一个是英美法系。

①大陆法系又称罗马法系、民法法系、法典法系，欧洲大陆的国家的法律都属于大陆法系，此外还有英国的苏格兰、美国的路易斯安那州、日本以及亚洲、非洲、拉丁美洲的部分国家和地区，都以成文法作为主要的法律形式。在立法和法律构成上，大陆法系采用成文法和制定法。法律用文字写成，具有书面法典形式，并经立法机关依法定程序通过。大陆法系的法律的主要表现形式就是议会所立之法，同时也包括政府法规等；在法典的编制上注重理论概括，概念明确，语言精练。在司法和法律效力上，大陆法系的法律的司法组织由普通法院、行政法院两大独立的系统构成。法官和陪审员共同组成审判庭，审判采取演绎的方法，审判长严厉查问当事人和证人，在查问过程中找到有矛盾的证词，

并通过鉴定人的同意，把相关的证据以及调查报告展示给律师和当事人，严格依照法律条文断案。

②英美法系也可以称为海洋法系、普通法系和判例法系，除英国和美国外，加拿大、澳大利亚、新西兰以及亚洲和非洲的一些国家和地区的法律也属于英美法系，它们主要的法律形式都是判例法。在立法和法律构成上，英美法系各国的主要法律规范，被表达出来主要是经过法官的判决，而不是通过立法文件。在司法制度上，英美国家的司法系统由单一的普通法院组成，陪审制度源远流长。在审判中，英美法系实行原告和被告对抗制，法官往往充当主持人的角色，陪审团发挥着举足轻重的作用。法官判决案件时必须写明判决理由，说明判案依据的法律原则和规范，并以书面形式表现出来。

大陆法系和英美法系存在着许多共同点，如图 1-5 所示。

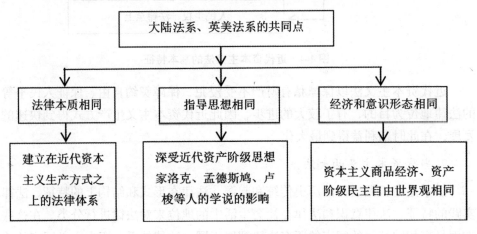

图 1-5　大陆、英美法系的共同点

同时大陆法系和英美法系之间也存在着明显差异。其主要不同点如图 1-6 所示。

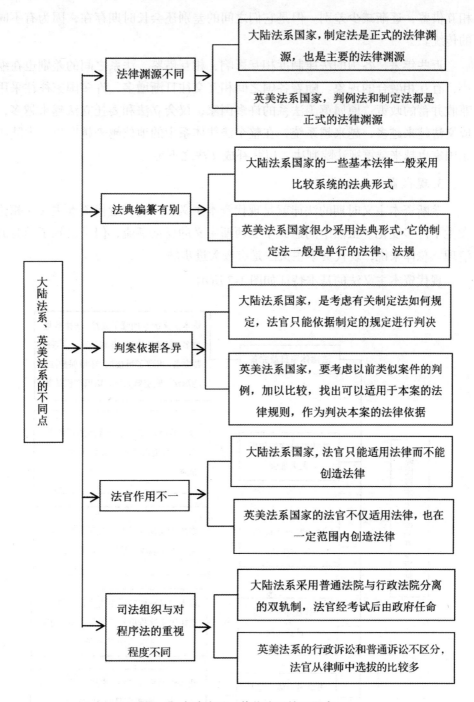

图 1-6　大陆法系、英美法系的不同点

在自由资本主义时期，两大法系的区别最为明显。20 世纪以后，两个法系相互借鉴，逐渐减少差别。但是它们之间的差别还会长时期存在，因为有不同的传统。

近些年来，各国的法律制度相互影响、相互借鉴，法系之间的差别也在缩小，有互相融合的现象。随着各国之间相互交往日渐增多，许多国家往往采用兼收并蓄的政策。原属英美法系的许多国家，议会立法和委托立法越来越多，成文法越来越多，越来越系统，在整个法律体系中的地位越来越突出。大陆法系国家也越来越重视法院判决，以弥补成文法之不足。

3.现代资本主义法

垄断资本主义时期的法律就是现代资本主义法。它和近代资本主义法相比发生了许多变化。虽然中间遇到了法西斯主义的反动潮流，但是得到了及时的清理。总体来说，现代资本主义法是有较大进步的。

现代资本主义法的基本特征如图 1-7 所示。

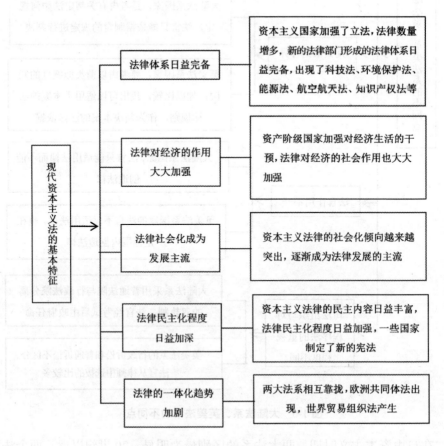

图 1-7　现代资本主义法的基本特征

（四）社会主义法

随着社会的发展，诞生了无产阶级的政权，由此就出现了最高级、最后的社会主义法，社会主义法体现的是全体人民的意志，它是由工人阶级领导的，在生产资料公有制的基础之上建立的。各社会主义国家由于历史传统不同，其法律的具体内容也有所不同。但是，作为具有共同本质的同一历史类型的法律，社会主义法的基本特征相同。当代中国法是社会主义类型的法律，在中国社会主义建设事业中具有重要功能。

第二节　社会主义法概述

随着社会的进步，无产阶级推翻了资产阶级的政权，建立了新的法体系，就出现了社会主义法，社会主义法在历史上是最高级的法，它以社会主义经济为基础，维护的是全体人民的利益，体现了工人阶级领导的广大群众的共同意志。社会主义法使社会秩序得到维护，使社会不断发展进步。中国社会主义法是在新民主主义法的基础上发展起来的，并不断改进，彻底推翻了国民党的伪法统。新中国成立以来，特别是改革开放以来，我国社会主义法制建设已经取得了举世瞩目的成就，中国特色社会主义法律体系已经形成。

一、社会主义法的本质

马克思、恩格斯认为，从古到今法律体现的都是统治阶级的根本利益。这不仅深刻地揭示了资产阶级法律的本质，而且对于认识法律的本质都具有普遍的指导意义。他们在这里揭示的阶级意志性和物质制约性，正是法律的最本质的属性。

马克思主义法学认为，社会主义法是人类历史上新型的法律，也是最后类型的法律。原始社会没有阶级，没有国家，也没有法律。

社会主义法律的产生，经过了一系列的发展过程：奴隶制法律→封建制法律→资产阶级法律→社会主义法律。社会主义法律是最终的法，也是最高级的法。我们的国家是工人阶级领导的、以工农联盟为基础的人民民主专政的国家，社会主义法是国家制定并强制实施的社会规范，体现了全体人民的利益。

（一）我国社会主义法反映了广大人民的共同利益

马克思主义指出，法的本质是统治者利益的体现。在有阶级的社会中，对于不同阶层的各个阶级而言，他们的阶级利益是不同的。

我国是人民民主专政的社会主义国家，是工人阶级领导的以工农联盟为基础的，是和阶级社会不同的，体现的是全体人民的意志，社会主义法维护的是全体人民的共同利益，是新时期的法，适合我们国家。

（二）我国社会主义法体现了广大人民的共同意志

马克思和恩格斯在《共产党宣言》中针对资产阶级意识形态指出，法是由掌握政权的统治者制定的，所反映的也只能是统治者的意志。这里所说的意志，是统治者共同的、根本的意志，非统治者是没有的。法的产生、存在和发展，都以国家为中介，并以国家文件表现出来。社会主义法是无产阶级取得政权后建立的，它体现的是全体人民的意志，是国家认可制定的法，维护了全体人民的利益。

（三）我国社会主义法的内容反映了社会的物质生活条件

马克思主义认为，法是社会上层建筑的重要组成部分，反映和体现统治阶级的整体利益和共同意志的法的内容，是由统治阶级的"物质生活条件来决定的"。法的产生、本质、内容和发展变化规律等，归根到底都取决于经济基础。社会主义社会的生产关系决定了社会主义法的本质，它决定了人们在经济生活、政治生活以及社会生活中的地位，所以它体现的是全体人民的利益。同时，社会主义法也与政治、思想、道德等有关。

二、社会主义法的基本特征

我国社会主义法由社会主义国家制定或认可，建立在社会主义经济基础之上。社会主义法作为一种特殊社会规范，具有不同于剥削阶级法和其他社会规范的基本特征：①社会主义法体现的是全体人民的意志。②社会主义法是由国家制定并强制实施的社会规范。它是一种国家意志。③社会主义法对意志体现的内容，是由全体人民的物质生活条件，特别是社会主义社会的生产资料所有制所决定的。④社会主义法对社会关系和社会秩序进行维护，有利于全体人民，是实现人民民主专政的重要工具。

社会主义法是在推翻了旧的国家机器、破坏了旧法统的基础上形成的。无产阶级专政国家的建立，是产生社会主义法的根本前提。社会主义法同历史上一切剥削阶级的法律有着本质的区别。就是说，社会主义法既具有法律的一般特征，又具有一系列新的、任何剥削阶级法律都不可能有的特征，它的主要特点有以下几个方面。

（一）阶级性和人民性的统一

社会主义法，体现的是工人阶级的意志，这是它的阶级属性。工人阶级是社会先进生产力的代表，它最有远见、大公无私和最富有革命的彻底性。无产阶级专政的历史任务只有这个阶级才能提出，也只有在它的领导下才能实现。所以，社会主义法必须首先反映工人阶级的意志，才能充分体现它的社会主义性质，这正是社会主义法阶级性之所在。但是，社会主义法不仅仅反映工人阶级的意志，从根本利益和要求上，它又同时反映了广大人民的意志。工人阶级和广大人民的根本利益是一致的，他们之间没有根本的利益冲突。客观上存在的工人阶级和全体人民的共同利益，就是形成工人阶级领导的广大人民的共同意志的物质基础。所以，社会主义法体现的是工人阶级和广大人民的共同意志，它是阶级性和人民性的统一。所以说，社会主义法和剥削阶级法有本质的不同，它比剥削阶级法更优越，是最高级的法。

（二）主观性和客观性的统一

法律作为一种行为规则，反映了统治阶级的意志并且具有主观性。然而，本质上法律的内容还是由统治阶级的物质生活条件所决定的，是反映客观规律的，它又具有客观性质。客观规律是不以人们的意志为转移的，主观意志应当力求符合客观规律。剥削阶级的法律虽然在某些方面反映了客观规律，但是，剥削阶级及其理想主义世界观的局限性决定了剥削阶级的法律不仅经常违反客观规律，而且可以被剥削阶级用作抵制客观规律的工具。

因此，从本质上说，剥削阶级的法律是不能做到主观性与客观性相统一的，社会主义法不同于剥削阶级法的又一个重要特点就在于它是主观性与客观性的统一。这是由社会主义法律的本质决定的。因为工人阶级和广大人民的根本利益同社会发展规律的要求是一致的，这就决定了体现这种根本利益的社会主义法可以做到符合或基本符合客观规律，在客观上为主观性和客观性的统一提供了可能性。同时，社会主义法是在共产党的领导下，以马克思主义的科学世界观为指导制定的。它不但能够正确对待法律文化遗产，吸取过去各种法律中合乎客观规律的成果，而且能够不断总结出合乎客观规律的新经验，使主观性和客观性相统一的可能成为现实。当然，由于某些主观和客观的原因，社会主义法也会出现与客观规律不一致的情形。但是，只要在马克思主义的指导下进行深入细致的调查研究工作，通过反复的实践来认识和运用客观规律，使社会主义法律在客观规律允许的范围内实现自己的目标，这些不一致的情形是能够解决的。因此，从总体上、本质上来说，社会主义法是人类历史上最能充分反映客观规律，使主观性与客观性相统一的法。

（三）规范性和科学性的统一

社会主义法作为法律规范体系的总和，毫无疑问具有规范性。这是社会主义法与其他历史类型的法所共同具有的特征。但是，其他历史类型的法，因认识上和阶级本质的局限，不可能将规范性与科学性统一起来。社会主义法坚持民主立法，反映的是全体人民的共同意志。随着社会的发展变化，这种共同意志的具体内容也相应发生变化，它与历史发展的基本方向和基本规律一致。因此，社会主义法能将规范性与科学性统一起来，当然，这种统一需要经历一个提高与发展的过程。

（四）权利和义务的统一

在私有制社会，由于剥削阶级掌握生产资料，以及存在剥削与压迫，就不可避免地出现权利与义务分离的情况。社会主义法能实现权利与义务的统一。解放和发展生产力是社会主义的本质内容，剥削和两极分化被消灭，共同富裕得到实现，因此广大人民在根本利益上是一致的。从权利、义务角度而言，任何人既是权利主体，又是义务主体，在享有一种权利的同时必然履行另一种义务。

（五）强制性和自觉性的统一

法律的基本特征之一，就在于它是以国家强制力为后盾来保证其实施的。社会主义法律也不例外。因为阶级斗争在社会主义社会中依然存在，反映工人阶级和人民意志的社会主义法律一定会受到敌对势力的抵制与破坏。另外，因为各种剥削阶级思想和古老传统的思想没有完全消除，少数人无法完全有意识地遵守法律，因此国家强制是社会主义法律实施的必要手段。但是，社会主义法律的实施，主要依靠全体人民的自觉自愿遵从，因为社会主义法律体现的是工人阶级领导的全体人民的共同利益和共同意志，是工人阶级和全体人民在对社会发展客观规律认识的基础上制定出来的。

　　由于剥削阶级的法律和广大人民的利益对立，也由于剥削阶级内部尔虞我诈、各谋私利，因此，剥削阶级法律的实施只能靠国家的暴力强制。所以，国家强制性和人民群众守法的自觉性相统一，是社会主义法与剥削阶级法的又一个重要区别。

三、社会主义法的内容

（一）社会主义法是调控人们行为的规范

　　人只有在社会这个大集体中才能生存，人与人之间经常互相联系就会产生一系列问题，会有各种矛盾，为了解决这些问题、矛盾就有了规则，以规范人们的行为。法规范和其他的社会规范有所不同，像道德和宗教，它们有本质的不同。法规范规定人们可以、应该以及禁止做什么，因此为人们的行为提供了一个确认、规定、保障、引导、促进和制约的模式、标准或方向。

（二）社会主义法是由国家制定或认可的社会规范

　　社会主义社会的行为规范有很多种，如习惯、教义、道德、政策、纪律等。法是一种政治制度，在行为规范里，体现了国家的意志，是国家制定和认可并强制实施的行为规范。法不是可以随意制定的，是由国家立法机关制定的。法是经过特定程序制定出来的，其内容亦较为确定和稳定，具有更大的权威性。

（三）社会主义法是由国家确定的有关权利和义务的社会规范

　　法作为一种特殊的社会规范，一般来说，法允许人们做的行为，就是人们享有的法上的权利；法要求人们应该做的行为或禁止人们做的行为，就是人们应履行的法上的义务。法律规定的权利和义务包括个人、组织和国家的权利和义务，以及国家机关及其工作人员依法履行职责时的职能、权力和责任。不同性质的国家中，权利和义务的对应性有不同表现。在社会主义社会，全体人民的根本利益是一致的，因此，社会主义法律规定的公民的权利和义务是一致的。在法律面前人人平等。他们享有权利并平等地履行义务。侵犯他人的权利并拒绝履行义务，就要承担由此而引起的法律责任，受到相应的法律制裁。

四、社会主义法的作用

（一）社会主义法的指引和导向作用

法的指引作用具有较强的抽象性、概括性和稳定性。根据调节方式的不同，法的指引有两种情况：一种是权利、义务非常确定的指引，即通过法明确规定，没有选择的余地，人们必须根据法规范的指引去做出行为。另一种是不确定性指引，即法只规定了一个权限幅度，允许权利人在法许可的范围内自行选择一定的行为。这两种指引所包含的法的结果都意在促使人们考虑行为的结果。不同的是，确定性指引是阻止人们做出违反法指引的行为，而不确定性指引则是鼓励人们从事法所容许的行为。

（二）社会主义法的强制和惩罚作用

任何一种法都必须具有国家强制力，否则就不可能实现。法的强制和惩罚作用主要表现为对违法犯罪者实行制裁。惩治方式有很多种，如民法中的停止侵害、赔偿损失、支付违约金、罚款等；行政法中的警告、罚款、停止营业、没收、拘留等；刑法中的管制、拘役、有期徒刑、无期徒刑、死刑等。通过对违法犯罪行为的强制追究责任，可以救济遭到破坏的社会关系，保护人们的正当权益，维护正常的社会秩序。由于法规范伴随着处罚，也会给企图违法者一种心理压力。当然，我们承认法的强制和惩罚作用，并不是说法在任何情况下都是依靠强制力来推动的。法的强制作用，更重要的不是对违法犯罪行为进行处罚，而是起到一种预防违法犯罪行为的作用。

（三）社会主义法的评价作用

法作为一种行为规范、标准和尺度，具有评价、判断、衡量人们的行为的作用。在现实生活中，对人们行为的评价标准有很多种，如道德评价、政治评价。法官对被告人的判决，警官对行政管理相对人的违纪行为做出的处罚，实质上都是以法为标准对人们的行为做出的评价。法评价具有明显的特点：一是具有较强的客观性和规范性。什么行为是正当的，什么行为是不正当的；什么行为是可做的，什么行为是不可做的；什么行为有效，什么行为无效；什么行为合法，什么行为违法等都有一个客观的、明确的判断标准。二是重点评价人们的行为及行为后果。当对一个人的行为进行法的评价时，只能根据和该行为相应的法标准去评价，并且这个标准是唯一的，而不能用别的标准去评价，也不能采用多元的标准。三是具有平等性和普遍性。法作为一种行为规范，平等地、普遍地适用于该法所辖范围内的所有人。对同类的行为，适用同样的法规范、同样的评价标准和尺度、同样的法后果，不应有差别。四是具有国家强制性。法判决和裁定一旦产生和发生效力，对行为人就具有强制性，而不取决于行为人是否情愿是否接受。

（四）社会主义法的预测作用

法的预测主要是行为人对法后果的预测，因而，法规范中对法后果规定得越明确、越具体，行为人对行为后的结果的预测也就越明确越具体，法的预测作用也就发挥得越大。法的预测作用是建立在法具有稳定性这一前提下的。如果法变动频繁，甚至朝令夕改，人们便无法预测自己的行为及其后果，整个社会都会处于一种不知所措的状态之中，法的预测作用就难以发挥。

（五）社会主义法的教育作用

任何一种法都具有不同程度的威慑力，但主要依靠威慑力的法，是不能长久的，是无法完全实现的。只有对绝大多数社会成员起教育作用的法，才具有生命力。法的教育作用主要有三方面：一是国家通过有意识的教育活动，把法中所体现的占支配地位的法意识形态、法要求、行为模式、规则等向人们进行灌输，使之逐渐地渗透于人们的思想意识中，变成人们自己的法意识，并影响到人们的行为模式。二是通过法规范的适用，树立一种行为规范、标准和尺度。人们在法的执行、适用过程中，通过对违法犯罪行为的惩罚，既教育了违法犯罪者本人，使其感受到法的威慑力，从中受到法的教育，也使其他人知道此类行为是违法犯罪行为，从而杜绝此类行为的发生。三是通过对合法行为的肯定、鼓励、保护其他人积极行使法权利，履行法义务，起到教育人的作用。

第三节 法制视角下的国家与社会

法治国家需要准确认识并正确处理的第一个基本关系，就是国家与社会的关系。通常所言，社会是先于国家而产生并存在的客观事实，而正是有了国家的产生和发展，才有了宪法法律的问题，才有了依法治国、法治国家等这样的概念。因此，要把握依法治国、法治国家这样的概念，首先需要阐明国家与社会的一些基本关系。

一、国家是社会发展到一定阶段的产物

国家是人类政治生活中非常重要的现象，也是学界研究和讨论的重要对象，不同学科的学者从不同学科的角度对国家进行了研究。在社会学家那里，国家是一种社会事实和社会现象。在政治学家那里，国家是出于统治的目的而建立的团体或组织。在法学家那里，国家是制定和维护法律的机构。在历史学家那里，国家是历史发展到一定阶段的产物，是一种历史现象。在心理学家那里，国家是一个组织，这个组织依照心理法则表现其意志。不同的学者从不同的学科角度来理解国家，阐明国家的性质、国家的起源、国家的目的以及国家的范围。学者通过不同的学科背景以及思维方式对国家的不同解读丰富了我们对国家的理解。

关于国家的研究在政治学这门学科中处于非常重要的地位。最早可追溯到古希腊时期，政治学的鼻祖亚里士多德从国家的目的的角度来给国家下定义。在这之后的西塞罗、格劳秀斯等对国家的定义也继承了亚里士多德的观点，将国家与正义或善这样的价值联系在一起。直到近代的不丹将国家定义为最高权力和理性所支配的一群家族和家族共有物的联合体，在此之后国家和主权便密不可分了。现代对国家的理解主要从三个角度出发：一是唯心主义角度，代表人物是黑格尔，他认为国家是建立于彼此同情，即普遍利他主义基础之上的道德共同体，将国家上升为道德共同体，一方面让人们出于敬畏而无法对国家进行批判，另一方面对机构的划分也是毫无益处的，国家机构和非国家机构在这里是没有明确界分的。二是功能主义角度，主要集中于国家的作用和目的，国家最重要的作用是维护社会秩序，故而国家就是维护社会秩序和社会稳定的机构总和。如马克思主义学者认为国家是阶级统治的工具，这种定义抓住了国家的重要作用，但是由于其他一些机构也有维持秩序的作用，因而这种定义还不够明晰。三是组织角度，国家是政府机器，它们对社会上的组织负有责任，获得公共财政的支持。这个定义将国家和市民社会区分开来，表明国家需要对市民社会负责。另外，在构成上，国家还由不同政府机构组成，以区别于其他的社会组织。

政治学的视角通常偏重于从组织取向的维度来对国家做出解释，这样一方面对国家有一个明确的界分，另一方面，这个概念能够体现国家的动态变化。从组织取向的维度来理解国家，有以下几个角度。

（一）国家和社会角度

虽然国家后于社会而产生，但国家产生之后，它就获得了至高无上的地位，用恩格斯的话说，就是"凌驾于社会之上"。国家拥有绝对的和不受限制的权力，和其他各种社会团体、组织相比，显然是凌驾于其上的。

（二）公共的和私人的角度

国家机构是公共的。国家机构是公共的，其做出决定、执行决定的内容都是与公共相关的，这与私人的机构或组织区分开来，如私人企业、社会组织、家庭，它们是为了某几个人或某个群体的利益而存在的。国家凭借其公共权力，可以对社会的公共事务做出权威性决策，可以对社会的公共资源做出权威性的分配。

（三）国家和公共利益的关系角度

国家的行为要具有合法性。政治学中的合法性大致就是正当性，获得支持度的意思，用邓小平的话说，就是拥护不拥护、支持不支持、赞成不赞成的问题。合法性是国家行动的应有之义，因为国家决定是针对所有社会成员的，国家的决策及其执行能够顺利进行首先需要满足公共利益，得到社会成员的支持，即获得行动的合法性。

（四）国家和暴力的关系角度

国家是统治阶级的手段，国家的权威是在暴力机关和强制力的支持下进行的。它保障了国家法律、政策能够被大众所遵守，但要明确的是，暴力是国家的本质特征，是国家的最后手段，而不是也不能是国家的经常性手段。国家的存续过程，绝大多数情况下应该都是非暴力的。

（五）地理意义

国家是一个领土单位。在主权国家世界里，国家的管辖权体现在了国家的领土上，这也是国家参与国际事务的前提。

从以上五点分析我们可以看出，现代学者关于国家和社会关系的研究一直存在着不同观点的交锋。国家和社会在概念上的区别在西方传统政治学那里一直是不清晰的，直到资本主义发达的经济社会关系形成之后，国家和社会的关系才渐渐清晰，马克思用市民社会和政治国家来区分二者。黑格尔认为，国家决定社会，因此，国家存在的前提条件是社会存在，国家是"从社会中产生但又自居于社会之上并且日益同社会脱离的力量"，是在社会之上的管理机器。从这个角度看，社会和国家在某种意义上又是对立的，社会中的社会关系是从生产联系中发展起来的，但社会无法进行自我管理。恩格斯认为，由于这个社会陷入了没办法调解的矛盾中，为了防止自己和社会被对手在争斗中消灭，有必要通过表面高于社会的力量使矛盾维持在可控范围内，这个力量就是国家。因此，国家并不是一开始就存在的，而是社会发展到一定阶段的产物。

二、国家和社会的二元化结构

国家和社会的关系是二元的、二分的，在二元结构框架下国家和社会交互作用，互相支撑，但在不同时期和阶段也往往呈现出不同的国家和社会的关系。在中世纪，国家与社会之间的关系以融合为特征，政治国家与公民社会相互重叠。在中世纪，政治制度是私有财产制度，一切私人领域都有政治性质，政治领域也有私人领域的特性。

这种高度的重叠是由于中世纪的公民和政治等级重叠。"中世纪等级制的存在就是政治的存在，也就是国家的存在。"中世纪时期市民可以参与立法，但并不是说私人有了政治意义和效能，这种立法参与只是更加强调了市民等级，突出了政治等级的要素，参与立法并没有给予他们任何新的性质。中世纪公民社会的基本要素和政治国家的要素是一致的，具有的政治性质是直接的。市民参与立法活动本身体现的既是私人领域的市民等级，又是公共领域的政治等级，二者是高度重合的，公域和私域是混合在一起的。

近代资本主义世界的特点是国家和社会渐渐分离。随着公民社会的组成要素，如商业、财产、劳工模式和行业协会等越来越具有独立生存和发展的重要性，公民社会与政治国家开始分开。在此过程中，国家也随着发展。"政治制度本身只能在私人领域已经独立存在的地方发展。在商业和房地产不是自由的，尚未达到独立存在的地方，是不会有政治制度的。"

马克思指出了促进政治国家与公民社会分开的社会和政治条件：①国家与社会分开的基础是私有领域的独立存在促进了私有等级制政治性质的逐渐消失。私人阶级渐渐形成了与国家相反的状态并且开始从国家中分离，市民社会也发生了改变，市民社会中的主要差别已经由等级差别变为城乡差别。②近代资产阶级政治革命加速了政治国家和市民社会的分离。依托于财产权的资产阶级通过政治革命重新确立了政治制度以保护资产阶级的私有财产，从此，市民社会成为个人私利的战场，利益是市民社会中起作用的重要机制。

我们可以看到在资本主义发达的社会关系形成之前，西方传统政治学中国家和社会的关系其实是不清晰的，近代以来学者对市民社会和国家的研究才使得这两个概念渐渐清晰，在市民社会研究兴起以来，学者们在讨论国家和社会的先进性之外，还讨论了国家和社会谁居于主导地位、国家高于社会还是社会高于国家这些问题。

三、超越社会的国家和在社会中的国家

国家和社会的关系是不断变化的，现代关于国家和社会关系的研究认为，国家和社会是二分的，研究重点是在二元结构框架下国家和社会的内在机制是如何互动的。

国家是从社会中分离出来的，但国家自从出现在人类社会便成为超越社会的存在。之所以有了国家存在，本质上是因为社会的运作没能被社会完全控制，社会还是个自在的领域。社会中各个阶层的利益还没有统一，利益冲突依然存在，宏观经济的发展需要国家调控，国家干预社会将在一个相当长的时期内存在。①另外，由于社会共同的利益不能被自觉维护，都交由国家进行处理，国家代表了社会的共同利益，国家可以通过整体计划来分配社会劳动力，使社会总供给和总需求趋于平衡。由此可见，社会需要国家来进行管理，但社会由国家管理到多大程度，实际取决于社会自身发展的程度。

"在市民社会中，每个人都以自身为目的，其他一切在他看来都是虚无的。"注重个人利益并没有对错之分，但是如果任由个人利益不断扩张，容易形成极端个人主义，将个人利益凌驾于社会利益之上，会带来社会的分裂和混乱。市民社会的发展还可能导致社会的两极分化。市场经济滋养了市民社会平等、自由的精神，但市场只是财富的初次分配，体现了机会平等，却无法保障结果平等，这样有可能导致社会不平等的加剧和社会分化。

虽然国家是超越社会的，但政治国家也有其限度。国家权力的扩张到极限会淹没社会，形成国家和社会一体化的社会结构，社会处于国家的严密控制下，国家权力延伸到社会各个领域，国家虽然具有超强的整合能力，国家控制下的社会也很稳定，但这种结构会导致社会组织退化、社会发展缓慢等后果。国家权力太大有可能背离公共利益，因为国家统治者和官僚集团本身有着自身的利益，极有可能侵犯公共利益，这就和当初建立国家以保护公共利益的初衷相背

---

① 荣剑.马克思的国家和社会理论 [J].中国社会科学，2001（03）：25-34.

离了。除此之外，没有约束的国家权力极容易发生权力寻租现象，特别是在市场经济如此发达的年代。权力寻租活动的发生源于公共权力对市场交易活动的介入，政府官员通过权力寻租可以获得相应的租金。权力寻租是一种非生产性的活动，会滋生腐败问题，导致政府失败，带来各种经济问题和社会问题。因而，国家权力是需要有限度的。

关于国家和社会的关系的争论，主要是两个主张：一是国家中心论；二是社会中心论。但是，近来学术界对这二者的关系有了新的理解。西方学者在研究发展中国家的社会体制变迁、国家政权建设的过程中提出了社会中的国家的概念，来解释国家和社会组织相互嵌入、联盟的关系。有些发展中国家，在强大的国家政权建立之前能够有效地建设国家、引导社会变迁，国家需要社会组织来实现政府目标。

社会中的国家理论是对国家中心论和社会中心论的超越，国家和社会在互相增权的期望下实现对社会生活的共同控制，二者的互动会带来双方权力的增加。国家通过社会力量的发展实现了社会管理的目标。政府和社会组织的合作主要体现为社会部门的合作，社会部门更加注重再分配和社会公平正义。政府和社会上其他组织的相同价值取向表现为公平正义，而政府和社会组织的相同的事业即为公共服务。由此可见，随着社会不断地发展，政府和社会组织的合作能够打破政府失灵、市场失灵和社会失灵的困境，实现优势互补、相互合作。

在社会发展过程中，我国的管理模式成为强国家—弱社会，由国家来控制社会，它是在改革开放之前形成的。通过国家的不断推动，社会作为社会主义国家的附属，成为国家的行政管理序列的一分子，受这种不良体制的制约，人与组织不能和政府良好沟通，在社会中的作用不被重视，长此以往，形成恶性循环，政府的真正职能被破坏。随着社会不断发展，在改革开放之后，这种情况有所缓解，公民意识逐渐提高，开始参与社会事务。我国的历史经验正好体现了国家和社会关系的变化主要体现在社会力量的增长上，而且公民的社会参与也是人类历史上的趋势。

四、法制是社会制衡国家之重器

国家与社会的关系的演变过程如图 1-8 所示。

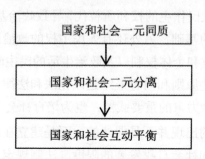

图 1-8　国家与社会的关系的演变过程

无论国家和社会如何变化，它们都是互相联系、互相制约的，不能区别开来。然而，尽管国家与社会密不可分，两者却是相对独立的存在，体现了不同层面的利益和价值。国家和社会的差别体现在私人利益和公共利益、特殊利益和普遍利益、公民权利和国家权力以及自由与平等、公平与效率等价值因素的差别上。二者的差别主要是因为公共领域和私人领域的差别以及自在和自为的差别。

首先，社会是私人的特殊利益领域，国家是公共的普遍的利益领域。社会"是各个社会成员作为独立的单个人的联合"，是基于生产活动的私人需要体系。在公共领域中，国家的活动主要是政治活动，通过运用公共权力来行使管理社会的职能。其次，社会是自在性领域，国家是自为性领域。在社会中，每个成员都是独立的利益主体，寻求自身利益的最大化。社会组织也根据自己的利益要求进行社会活动，社会处于一种自发的状态，因此，社会不能解决在不同层次上发生的利益整合问题。国家由此作为不同于社会组织并能合法行使暴力的机构而产生并存在[①]。

国家对社会的管理有其限度，必须自觉履行一定的社会管理职能，寻求统治阶级和社会的合法性支持。虽然国家可以用自己的行动维护自身的利益，但它和社会中的统治阶级或社会所有人的利益也有本质的不同。但是，在实际政治运作过程中，国家往往就体现为统治阶级的利益或统治集团的利益。

为了防止国家对社会的过度控制，为了保护社会组织和个人的基本利益，法制成为社会制衡国家的重器。法制是现代国家运行的基本原则和制度规则，

---

① 张宝锋. 我国五十年法制建设的历程及昭示 [J]. 中州学刊，2000（5）：67-70.

法制是基于国家和社会的二分产生的，是随着社会的发展不断完善的，法制也是社会力量制约国家权力的重要利器。人类进入资本主义社会以来，国家和社会之间越来越分离，宪法也是在这个时期出现的。逐渐分离的国家和社会，使神赋予君主的权力被人民作主的权利所替代，导致政治基础的合法性有了变化，市民社会成为合法性的基础，另外还有人民主权的政治原则确立了个人在社会经济活动中的主体地位和个体权利以及政治生活的民主政府、有限政府的原则。人民主权所包含的这些原则和内容最终是以宪法和法律为基础确立下来并实施的，法制成为保护社会力量的重要武器，也为培育社会力量提供了有利环境。

由此可见，法制的出现并不是偶然的，而是建立在国家和社会二分的基础之上的，约束了国家和社会自我发展的限度。法制规定了国家和社会的权力以及利益分配模式。在资本主义社会中，法制体现了社会对国家的制衡，是保护私人领域的重要防线。在法制框架下，公民权利体现了社会力量，国家权力体现了国家力量，社会和国家之间的关系在法制框架下体现为宪法中的公民权利和国家权力的关系，在社会实践中体现为私人利益和公共利益的关系。

第二章 中国法制建设的历程

中国法制建设之所以有今天的成绩离不开党的领导和老一辈法制建设者的努力。1949 年新中国刚刚建立，行业凋零，各行业、各领域都迫切地想要发展。在这样的背景下，我国开启了法制建设的道路，总的来说，虽然我们取得了很大的成就，但不能骄傲自满，我们应该牢记历史，不辱使命，继续朝着把我国建设成为更和谐、更文明、更民主的国家，让广大人民群众的法律意识不断提高的道路前进。本章主要包括新中国成立初期的法制建设、法制建设的曲折发展、拨乱反正与恢复法制以及新时期法制建设的发展四部分，主要内容包括：一届政协会议的召开与《共同纲领》的制定、围绕巩固政权和民主改革制定必要的法令、司法机关的组建与司法工作的开展、司法行政机关的建立及主要工作的开展等方面。

第一节 新中国成立初期的法制建设

要研究新中国成立初期的法制建设，有必要对党的十一届三中全会前法制建设的历史进程做简要回顾。从 1949 年 9 月中国人民政治协商会议第一届全体会议通过《中国人民政治协商会议共同纲领》（以下简称《共同纲领》），到 1954 年 9 月第一届全国人民代表大会第一次会议公布《中华人民共和国宪法》（以下简称《宪法》），我国法制建设的道路初步开启。

一、一届政协会议的召开与《共同纲领》的制定

在新中国成立前夕，党中央领导干部和无党派人士在北京中南海参加了全体会议，许多人积极踊跃发言，通过 10 天的激烈讨论，大会一致决议通过了《中国人民政治协商会议组织法》《中华人民共和国中央人民政府组织法》和《中

国人民政治协商会议共同纲领》，史称第一届中国人民政治协商会议。

《共同纲领》是对中国人民近 100 年奋斗史的历史总结，也是对中国共产党带领全国各族人民进行反封建、反侵略、反内战，取得最后的胜利的肯定，它无疑代表了全国各族人民的利益，是具有划时代意义的宪章，可以说是我国法制建设的排头兵，为全中国经济、文化、政治的发展提供了法律保障。

二、围绕巩固政权和民主改革制定必要的法令

新中国成立之初，国家政权比较脆弱，虽然我们有深厚的群众基础，但摆在眼前的现实是我们必须解决的问题。随着帝制终结以及军阀混战、日军侵华的结束，到了国共内战时期，全国大量的土地资源仍掌握在大地主手中，农民生活非常困苦，经常吃不饱饭，衣不蔽体。因此，新中国成立之后的第一项任务就是要进行土地改革，把地主手中的土地归还给广大农民，让农民吃饱穿暖是最重要的；第二项任务是镇压反革命，内战结束以后，仍有大批国民党军政特务混迹在中国大陆，企图制造暴乱、颠覆国家政权、搞破坏运动，为了巩固新生的国家政权，国家实施了以上任务。

（一）《中华人民共和国土地改革法》

新中国成立后，全国仍有很多新解放区没有实行土地改革。土地是农民之本，粮食之源，土地改革有利于社会经济的发展，国家为了彻底解决土地问题，新中国刚成立，中共中央就着手领导制定了《中华人民共和国土地改革法》以及其他一系列相关法律法规，在广大的新解放区开展了轰轰烈烈的土地改革运动。

为保证土地改革运动有领导有秩序地进行，除《中华人民共和国土地改革法》外，中央人民政府还颁布了《农民协会组织通则》《政务院关于划分农村阶级成分的决定》和《城市郊区土地改革条例》等一系列相关法规。这些法律法规的颁布，把中国历史上规模最大的土地改革运动纳入了法制的轨道，保证了这场运动的顺利进行。到 1952 年年底，除新疆、西藏等少数民族地区外，基本完成了土改任务。这次土地改革让全国 3 亿多没地和少地的农民分到了大约 7 亿亩的土地和大量的农具、机具，彻底解放了农村的生产力，为今后我国农业和工业的发展提供了坚强的物质基础，同时也意味着封建土地所有制的彻底结束。土地改革具有里程碑式的非凡意义。

（二）《中华人民共和国惩治反革命条例》

国共内战以中国共产党的胜利而结束，但国民党残余势力隐藏在人民看不见的地方，他们传播谣言，污蔑事实，静待时机搞破坏，甚至威胁到了人民的生命和财产安全，严重扰乱了社会的和谐稳定。为了保证人民的政权得以延续，针对这些情况，1950年7月，中央人民政府政务院联合最高人民法院出台了一项严厉快速镇压反革命的措施，同年10月中共中央又发出了《关于镇压反革命活动的指示》，至此，把反革命运动推向高潮，人民积极配合。为了让司法人员审判反革命者有法律依据，也为了让广大干部群众有法可依，1951年2月，中央人民政府批准公布了《中华人民共和国惩治反革命条例》。

《中华人民共和国惩治反革命条例》及其他相关法律法规的颁布，又进一步助推了镇压反革命运动的浪潮，全国人民都参与到这项运动中来。镇压反革命运动开展2年之后，我国大陆地区已基本肃清了各类反革命分子，由此，镇压反革命运动也基本结束。镇压反革命运动有力地巩固了我国的新生政权和社会秩序，使全国范围内呈现出前所未有的安定局面。

（三）《中华人民共和国惩治贪污条例》

"三反""五反"是新中国成立初期开展的又一场大规模的政治运动。新中国成立后不久，有些党政机关的干部由于没能经受住资产阶级的思想腐蚀，渐渐迷失本心，忘记初心，觉悟变低，有了腐败的作风，严重破坏了党和群众的联系。而绝大多数贪污犯罪活动又是与社会上不法资产阶级分子相联系的。为纯洁干部队伍，抵制资产阶级的思想作风，打击不法资本家的违法经营，巩固新生的国家政权，党中央决定在各级党政机关中开展"三反"运动，在资本主义工商业中开展"五反"运动。1952年，根据"三反""五反"运动的经验，中央人民政府公布施行了《中华人民共和国惩治贪污条例》①。

《中华人民共和国惩治贪污条例》共18条，内容包括对贪污罪的界定、贪污罪的量刑标准、从重或加重处刑的情形、从轻或减轻处刑的情形等。

为正确地贯彻执行这项运动的指导意见，除了实施《中华人民共和国惩治贪污条例》外，政务院还批准公布了其他一些重要的法律文件，这些法律法规的公布实行，保证了"三反""五反"运动的胜利完成。这场斗争找出了漏网之鱼，有力地给各级党政机关干部敲响了警钟，有利痛击了枉法资本家的违法

---

① 超英，郭宏.中华人民共和国的四部宪法：访全国人大法律委员会主任委员杨景宇[J].百年潮，2004（7）：4-10.

违规的经营活动，对加强党和国家机关的廉政建设、教育团结大多数私营工商业者、保护国家和人民的利益起到了重要作用。

（四）《中华人民共和国婚姻法》

旧式婚姻属于封建婚姻，一个男人可以有多个妻子，封建婚姻制度对男人没有约束力，不仅束缚了妇女可以自由恋爱的权利，而且也禁锢了其追寻婚姻自由的思想，这对全国广大妇女阶层是不公平的。为了废除不公平的封建婚姻制度，建立和谐、自愿、平等的新时代婚姻家庭，促进社会的稳定，1950 年，中央人民政府委员会第七次会议公布实施了《中华人民共和国婚姻法》（以下简称《婚姻法》），它是首部具有法律性质意义的法律。

上述诸多法律法令的制定和颁布，对于巩固新生的国家政权、维护人民的根本利益起到了强大的支撑作用，正是有了它们，人民的生活才焕然一新。

三、司法机关的组建与司法工作的开展

新中国刚成立的时候，按照起临时宪法作用的《中国人民政治协商会议共同纲领》和《中央人民政府委员会组织法》的规定，在砸碎旧的司法机关的基础上，从上到下建立各级新的司法机关，并开展司法工作，是新中国法制建设初期的一项重要任务。

（一）审判机关的组建与审判工作的开展

随着新中国的成立，全国最高审判机关最高人民法院也随之建立。能力出众的沈钧儒被委任为最高人民法院的院长，之后，吴溉之、张志让被委任为副院长，以陈绍禹、朱良才为代表的 17 人为委员会成员，至此，最高人民法院审判委员会成立了。沈钧儒就任院长后，随即以原华北人民法院的组织机构和工作人员为基础，建立最高人民法院。之后，中央人民政府委员会批准《最高人民法院试行组织条例》。有了这个政策，人民法院就可以从全国各系统部门调配人才，各项工作有序地进行，除了没有设立审判庭，其他的下设机构都基本建立了起来。

与此同时，沈钧儒和一些同志加紧在北京、重庆、武汉、上海、西安、沈阳建立华北、西南、中南、华东、西北、东北这六个行政分院，选择这六个地方是因为这些地区在全国都有着非常重要的影响力，全国的经济都集中在这几个繁荣的城市当中。行政分院的院长分别由德才兼备的张苏、张曙时、雷经天、

刘民生、马锡五、高崇民担任，这六个行政分院代表着国家最高权力的延伸，同时担负着这六个分院下设机构的监督审查工作。

新中国审判机关在组建过程中，配合土地改革、镇压反革命、"三反""五反"等运动，积极开展司法工作，取得了不错的成果，三年的时间一共审判了900多万件案子。

在刑事审判工作方面，从1950年到1953年，司法工作有了实质性的进展，全国共审判了104万件反革命案子和255万件普通刑事案子。抓捕和严惩了许多反革命特务和反动社团，以及一些欺压百姓的恶霸和一些山匪头子，广大人民拍手叫好。严重刑事犯罪案子有100万件，审判机关严厉判处了危害国家、人民生命财产安全、扰乱社会稳定的犯罪分子。法院的司法审判工作保障了人民权益，顺应民心，人民都大力支持司法人员的工作。

在民事审判工作方面，主要是处理婚姻案件。1950年，中央人民政府公布施行《婚姻法》后，妇女被束缚的思想得到解放，大多数受压迫的妇女都要求脱离封建的婚姻制度，她们希望能自己做主选择婚姻。这种情况下，人民法院婚姻案件的收案量大幅度上升，到1953年为止，人民法院共处理了327万件离婚案件，人民法院认真执行婚姻法，让万千女性获得了自由，并重新建立了美满幸福的家庭。对于妇女来说，她们收到的不仅是一纸诉状，还是一份自由、一种选择，看似平常的审判工作却反映出巨大的社会意义。

从1950年到1953年，各级人民法院还审判了230万件财产权益纠纷案件。人民法院按照党和政府的有关政策法令，解决人民的利益纠纷，这样既保障了人民的权利，又维护了国家的整体利益，对于当事人自身权益的保障有非常重要的意义，同时有助于缓解人民内部矛盾，促进生产的发展。

（二）检察机关的组建与检察工作的开展

和最高人民法院的任命一样，全国最高人民检察署也在国庆节这一天紧锣密鼓地建立。中央决定由罗荣桓担任最高人民检察署检察长。1949年10月19日这一天，李六如、蓝公武分别被任命为最高人民检察署副检察长，随之，罗瑞卿、杨奇清等11人担任委员。两天之后，这几位核心领导干部在北京开了第一次大会。会议宣布最高人民检察署成立，11月1日启用印信，正式办公。

地方性各级检察机关，是从1950年开始建立的。在这一年内，中共中央和中央人民政府主席毛泽东先后四次发布指示，督促检察机关的建设。检察机关的建立刻不容缓，这不仅关系到广大人民群众的权利行使，而且也关系到我国的法制建设，所以中央人民政府主席毛泽东要求各个大区的最高权力部门全力配合检察机关建设工作。为了保证检察机关建设工作顺利进行，主席批准了《最高人民检察署一九五〇年工作计划纲要》，指出现阶段的首要任务是在全国各地先建立起各级检察机关。为了加快建立检察机关，中央批准人事任免制度，要求在各部门快速调配检察人才，为检察机关注入新的血液，还要求于1951在全国基本建立各级人民检察署。

在 1950 年这个时间点建立人民检察机关的目标总体上成功实现。全国各地都陆续建立了检察机构，年底不仅在各个大区建立了检察分署，而且在一些重要县城以及城市都建立了人民检察署，其中各部门积极配合协调人才 1000 余人，有力地保障了人才机制的供应。到了 1953 年，建设工作更上一层楼，省一级城市中都设立了人民检察署，专区和省辖市共建立 196 个人民检察署，县人民检察署建立了 643 个，专职干部 5067 人，规模空前。能这么高效、大规模地建立检察机关，离不开党中央的绝对领导和各机关干部的全力执行，正是有这样的优越制度，才能保证各部门协同配合、保障目标顺利完成，才能干大事。

新中国检察机关的组建有效地配合了镇压反革命以及"三反""五反"等运动，积极开展检察监督工作，取得了很大成就。

一是参加镇压反革命运动，发挥法律监督作用。镇压反革命运动中的检察工作大体上可以分为两个阶段：从 1950 年下半年镇压反革命运动开始到 1951年 2 月公布《中华人民共和国惩治反革命条例》为第一个阶段。检察机关的工作主要是对犯罪分子进行震慑、抓捕，追本溯源是检察工作的重中之重。从《中华人民共和国惩治反革命条例》公布到镇压反革命运动结束为第二阶段。检察机关的工作主要是根据《中华人民共和国惩治反革命条例》的规定，初步展开针对各项的监督检查工作，保证各个环节的顺利进行。此外，各级检察机关还结合镇压反革命运动，打击不法地主、恶霸和反革命分子破坏土地改革的行为。

二是参加"三反""五反"运动，查处大案要案。一些同志被资产阶级的腐朽思想而腐化，如果不严厉查处，国家的政权将会受到极大的危害，所以把狠抓腐败和经济犯罪案件摆在首位是符合当时的国情的，仅一年半的时间，检察机关检举的大案要案就有 2500 多件。"三反""五反"运动开展后，各地人民检察署通过各种形式开展宣传活动，动员干部群众揭发检举"三害""五毒"。在反贪污斗争中，检察机关坚持法律面前，人人平等，无论罪犯的权力有多大，职位有多重要，干部犯法与老百姓是一样，法律面前没有特权。在参与核实定案工作中，各级检察机关实事求是地鉴别证据，认定犯罪，否定非罪，做出正确处理，从而保障了运动的顺利进行。

三是参加司法改革运动，纠正错捕错判。为反对旧法观点和纯洁党内同志的意识形态认知，党中央在全国范围内从上到下开展了一场针对司法机关的司法改革运动。司法改革的重点是人民法院，但作为国家司法机关之一的人民检察署，也有极少数旧的司法影响着检察机关。因此，检察机关也需要从这一运动中接受教育和锻炼。各级人民检察署积极参加司法改革运动，认真检查纠正办案中的错误，重点检察纠正错判案件，收到了良好效果。

四是参加"新三反"斗争，检察违法乱纪案件。1953 年，中共中央发出《关于反对官僚主义、反对命令主义、反对违法乱纪的指示》，全国各级检察机关积极参加"新三反"斗争，把查处严重违法乱纪案件作为 1953 年工作的重点。据当时的不完全统计，1953 年 1 月至 9 月，全国各级检察机关办理严重违法乱纪案件 3493 件，惩罚了侵犯人民民主权利的罪犯，为 6000 多名被害群众申冤平反，使 109 名被错判死刑、尚未执行的人的生命得到解救；纯洁了区、乡组织，使一些被篡夺了的基层政权重新回到人民手里；受到破坏的生产事业和互助合作组织，得到恢复和发展；一些地方人心不安、秩序混乱的局面得到扭转。

四、司法行政机关的建立及主要工作的开展

新中国成立之初，作为人民民主专政重要武器之一的司法行政机关，是在彻底打碎旧中国的国家机器以后，依照《中国人民政治协商会议共同纲领》和《中华人民共和国中央人民政府组织法》的有关规定建立起来的。

1949 年 10 月，中央人民政府司法部成立，史良任部长，李木庵任副部长。同年 12 月，中央人民政府委员会批准了《中央人民政府司法部试行组织条例》。这个条例明确了组织框架和现阶段司法部的任务，依据这个条例，大体结构为1 厅 5 司 1 室：办公厅直接领导着下面的 5 处，主要负责人事任命、行政性事务、文书资料方面的工作；第 1 司主要负责司法机关的地区行政性事务；第 2 司主要负责律师事务以及公证性事务；第 3 司主要负责监狱政务工作；第 4 司主要负责司法干部的教育以及能力训练工作；第 5 司主要负责法制宣传和监视巡察工作；1 室有 200 名工作人员，是专门设立的委员室。此后，中央人民政府司法部的机构设置和人员编制，根据不同时期客观形势的需要又做过几次调整。

最初我国的地方司法行政机关并不是在全国各地均有设立，由于资源匮乏，只设立到大的行政区域，如西南、西北、中南、华东、东北 5 个大行政区。各

大行政区司法部随着本大区人民政府或军政委员会的成立而设立，编制人员各为100名左右，各自主管本大区的司法行政事宜。大体结构为1室3处：办公室直接领导着下面的3处，主要负责人事任命、行政性事务、文书资料方面的工作；第1处主要负责司法机关的地区行政性事务；第2处负责本地区司法干部的教育以及能力训练工作；第3处负责地区的宣传工作。这3处分工明确，互不干扰。由于华北没有设大行政区，山西、河北、天津、北京等省、市和内蒙古自治区由中央直接管辖，其司法行政事宜由中央人民政府司法部直接管理。

司法行政机关建立以后，围绕以下几个方面开展了工作，并取得了不错的成绩。

（一）组织建立各级司法机构

司法行政机关是各地方人民法院有效开展司法工作的根本保障。它既要管道德思想和业务水平建设，又要管物资生产资料建设，是为法院工作提供服务的。因此，建立各级司法机构，是司法部成立后面临的首要任务。中央人民政府司法部和各大行政区司法部在接收和改造旧法院、抽调和培训司法干部建立地方各级人民法院的工作中做了大量卓有成效的工作，使地方各级人民法院干部基本配备起来，及时有效地开展人民司法工作，为巩固人民民主专政、维护社会秩序、保障各种社会改革和国家经济建设做出了积极贡献。

（二）参加与配合"三大运动"

在新中国成立初期先后开展的土地改革、镇压反革命以及"三反""五反"这三大运动中，中央人民政府司法部积极地动员各级司法工作者勇敢地参与到运动中来，选派部分同志加入斗争运动，与上级机构沟通交流，扩大这场斗争的战果，以保证这些运动的顺利进行。

（三）参加起草和贯彻执行《婚姻法》

《婚姻法》是新中国成立之后的第一部重要的具有法律性质的法。中央人民政府司法部副部长李木庵等参与了这一重要法律的制定。《婚姻法》公布后，司法部又为它的贯彻执行发布了一系列指示。《婚姻法》是进步的法律，它为解决婚姻问题提供了法律武器，是广大妇女同胞积极拥护的法律。但是在一些地区出现了干涉婚姻自由的行为，这是国家和广大妇女群众绝对不能容忍的。原因是新中国成立的时间不长，有一些人还没有从封建婚姻的制度中解放出来，以至于无视法律和妇女的生命。为此党中央坚决惩治犯罪行为，保护妇女的生命安全，和反对婚姻自由的犯罪行为斗争到底。司法部要求各地必须切实遵照政务院的指示，对《婚姻法》的执行情况进行认真检查。为落实中央的政策，最高人民法院和司法部共同出台了指示，要求各地方法院在贯彻落实的同时要合理地应对广大妇女的婚姻问题，要尊重妇女的自由意愿，不要搞形式化工作，要仔细理解《婚姻法》的内涵，并提出搞这项工作一定要依靠广大群众，合理、合法地处理婚姻案件，让人民群众满意。

（四）主持司法改革

1952 年 6 月国家开始进行司法改革。只有进行司法改革，才能肃清资产阶级腐朽思想的遗毒，让司法系统真正保持纯洁，我国的司法制度才能在广大群众中树立，发挥它应有的价值，才能让司法制度成为经济建设和保护人民的武器。这次运动是在司法部的主持下进行的。1952 年 7 月，"两个最高"部门牵头成立了中央司法改革办公室，旨在帮助全国的司法机构进行系统改革，具体任务是了解情况、督促各地、交流经验、组织宣传。每个大区也成立了相应的司法改革办公室，专业有效地推进本地区的司法改革运动，各地的司法改革运动于 1953 年 4 月基本结束。通过这项改革运动，我们发现了很多问题，指出旧思想、旧习气不能要，这样才能使司法作风和法院部门结构焕然一新，以全新的面貌展示给广大人民群众。

（五）批复解答有关政策、法律问题

这是中央人民政府司法部在新中国成立初期的一项特殊而繁重的工作。当时有关政策、法律的问题主要包括三个方面：刑事政策、法律方面的问题，民事政策、法律方面的问题，诉讼程序、制度方面的问题。司法部所做的大量有关政策、法律问题的批复和解答中，除少量属司法行政工作方面的问题外，大都属于立法方面和司法方面的解释。在当时法制不完备、法律的解释权限未划分、有关机关的职责也不很明确的情况下，司法行政机关的批复解答对保障政策、法律的正确实施发挥了积极作用。

五、1954 年《中华人民共和国宪法》的制定与公布

从新中国成立到 1952 年年底，全国范围内从上到下召开了各界人民代表大会，各级人民政权如雨后春笋般扩大到全国各地，人民群众积极建言献策，这就为宪法的制定提供了强大的群众基础。在这样的背景下，中央人民政府委员会顺势召开第 20 次大会，判断召开全国人民代表大会以制定宪法的条件已

经具备。这次会议通过的《中央人民政府委员会关于召开全国人民代表大会及地方各级人民代表大会的决议》，决定成立中华人民共和国宪法起草委员会，毛泽东任主席，并开始主持宪法的起草工作。

1953 年 12 月，毛主席和几个小组成员从北京乘专车到浙江省杭州市，到了杭州开始调研并着手做一件近现代以来开天辟地的大事——起草《中华人民共和国宪法》。他们用 1 个月零 9 天的时间就顺利地把初稿起草出来了，从开始到完成只用了不到 40 天的时间。随后，在毛泽东的主持下，起草小组通读通改。小组成员们对初稿连续进行 4 次修改。初稿的完成标志着第一阶段的目标完成，为以后的定稿提供了成熟的范本。随后召开中央政治局扩大会议，一致商议决定通过初稿的"三读稿"，随后 1954 年 3 月 9 日，杭州宪法起草小组又提交了四读稿。过了几天，中央决定再次召开中央政治局会议，大家对初稿进行热烈的交流和讨论，也提出了一些有建设性的意见。至此，初稿的起草工作就结束了，再进一步讨论之后就提交至宪法起草委员会。

3 月 23 日下午 3 时，毛主席主持的中华人民共和国宪法起草委员会第一次会议在北京中南海勤政殿举行。老一辈知识界人士、党内同志和无党派人士共 26 人以宪法起草委员会委员的身份出席了这次会议。大会上，以毛泽东同志为代表的中国共产党正式提出《中华人民共和国宪法草案（初稿）》。5 月初在刘少奇同志的倡议下连续 4 天召开 4 次会议，委员会全部人员都到场参加，接着对初稿按章节进行讨论，形成宪法草案（修正稿）。同年 6 月，会议全体人员对修正稿进行讨论。对宪法初稿进行这么多次的讨论，既说明宪法的重要性，又说明宪法要符合中国国情，代表广大人民的利益。

虽然党内已经开了很多次会议讨论宪法初稿，但一部好的法律不能只是在党内讨论通过就颁布施行，还要考虑全中国广大人民群众的感受，理应使人民群众参与到宪法初稿的讨论中来，倾听人民的意见，有人民参与讨论的宪法才是真正经得起考验的好宪法。随后，全国人民都参与到宪法初稿的讨论中来，提出了将近 6000 条的意见。6 月 11 日下午，宪法起草委员会讨论通过了宪法草案（修正稿），准备提交中央人民政府委员会。

通过将近 3 个月的全面研究与一次又一次的反复讨论、研究、修改，委员会基本认为宪法草案与全国各族人民见面的时候到了。6 月 14 日，毛泽东主持召开中央人民政府委员会第 30 次会议，一致通过了《中华人民共和国宪法草案》和《关于公布中华人民共和国宪法草案的决议》。就在大会结束的当天，《中华人民共和国宪法草案》正式公布，以负责任的态度正式交付给全国各族人民，希望全国各族人民积极踊跃建言献策，行使好自己的公民权利，欢迎全国各族人民大胆激烈地讨论并提出意见。在正式公布 2 个月以后，有上亿人参与了宪法草案的讨论，广泛代表了全国各界的人民，大家都非常支持宪法草案，而且还指出了问题和提出了很多建设性意见，这次又扩大了全国范围内的讨论，根据大家提出的一些相关意见，委员会对宪法草案又做了一些重要的修改，全国范围内的大讨论为最后宪法的颁布实施提供了广泛的群众基础，这在全世界范围内都是一种伟大的创举。

为了赶上第一届全国人民代表大会，宪法委员会小组成员加班加点，忘我工作，与时间赛跑，一定要赶在开大会之前确定宪法草案最终版本。紧接着 9 月 8 日，毛泽东主持召开宪法起草委员会第 8 次会议，全体成员对宪法草案认真做最后一次的讨论、修改。6 天之后，毛泽东主持召开中央人民政府委员会临时会议，对宪法草案做最后的审议，因为次日要在全国人民代表大会上提交并讨论。

1954 年 9 月 15 日下午 3 时，庄严的时刻到来了，中华人民共和国第一届全国人民代表大会第一次会议，在北京中南海怀仁堂隆重开幕。会议上，刘少奇作了《关于中华人民共和国宪法草案的报告》。参加大会的各界代表积极响应，大家热烈讨论宪法草案和刘少奇作的报告。9 月 20 日，第一届全国人民代表大会第一次会议全票通过了《中华人民共和国宪法》。同日，主席团公布了该宪法，自此，历时 4 年，代表中国宪法的法律终于诞生了。

序言宣告中华人民共和国是人民民主专政的国家，人民民主制度即新民主主义制度，保证通过和平的道路消灭剥削和消除贫困，建成繁荣幸福的社会主义社会。为此宪法将党在 1953 年 8 月提出的过渡时期总路线写在序言中，上升为国家意志。序言说明新中国成立后几年内所取得的成就，为有计划地进行经济建设、逐步过渡到社会主义社会准备了必要的条件；由各民主、阶级、人民团体为代表组成的统一战线在中国共产党的领导下还将继续散发出巨大的能量；在民族问题上强调自由平等的原则，反对大民族主义和地方民族主义，继续加强各民族的团结，照顾各民族的需要，充分注意各民族发展的特点；在外交方面，根据和平共处五项原则与全世界任何国家建立和发展外交关系，坚定不移地为世界和平和人类进步事业而努力。

第一章为总纲，共 20 条。内容规定：中华人民共和国是工人阶级领导的、以工农联盟为基础的人民民主国家。中华人民共和国的一切权力属于人民。人民行使权力的机关是全国人民代表大会和地方各级人民代表大会。宪法还宣布：

中华人民共和国是统一的多民族的国家。各民族一律平等。各少数民族聚居的地方实行区域自治。各民族自治地方都是中华人民共和国不可分离的部分。关于经济制度，宪法规定：中华人民共和国的生产资料所有制主要有国家所有制，即全民所有制；合作社所有制，即劳动群众集体所有制；个体劳动者所有制；资本家所有制几种。国营经济是全民所有制的社会主义经济，是国民经济中的领导力量，国家保证优先发展国营经济。合作社经济是劳动群众集体所有制的社会主义经济，国家保护合作社的财产，鼓励、指导和帮助合作社经济的发展。国家指导和帮助个体农民增加生产，并且鼓励他们根据自愿的原则组织生产合作、供销合作和信用合作。国家依照法律保护手工业者和其他非农业的个体劳动者的生产资料所有权，指导和帮助个体手工业者和其他非农业的个体劳动者改善经营，并且鼓励他们根据自愿的原则组织生产合作和供销合作。国家依照法律保护资本家的生产资料所有权和其他资本所有权，对资本主义工商业采取利用、限制和改造的政策。

第二章为国家机构，共64条。本章分别对全国人民代表大会、中华人民共和国主席、国务院、地方各级人民代表大会和地方各级人民委员会、民族自治地方的自治机关、人民法院和人民检察院等国家机构的职权、产生办法及相互关系等做了明确规定。内容规定：全国人民代表大会是国家最高权力机关，行使国家立法权。

第三章为公民权利，共19条。关于公民的基本权利，宪法规定公民在法律上一律平等。凡年满18岁的公民，不分民族、种族、性别、职业、社会出身、宗教信仰、教育程度、财产状况、居住期限，都有选举权和被选举权。公民有言论、出版、集会、结社、游行、示威和宗教信仰的自由。公民的人身自由和住宅不受侵犯，通信秘密受法律的保护。公民有居住和迁徙的自由，有进行科学研究、文学艺术创作和其他文化活动的自由，有劳动、休息和受教育的权利。妇女在政治的、经济的、文化的、社会的和家庭的生活各方面享有同男子平等的权利。公民对于任何违法失职的国家机关工作人员，有向各级国家机关提出控告的权利。由于国家机关工作人员侵犯公民权利而受到损失的人，有取得赔偿的权利。关于公民的义务，宪法规定：中华人民共和国公民必须遵守宪法和法律，遵守劳动纪律，遵守公共秩序，尊重社会公德，爱护和保卫公共财产，依法纳税，保卫祖国，依法服兵役。

第四章为国旗、国徽、首都，共3条，内容规定：中华人民共和国国旗是五星红旗；国徽中间是五星照耀下的天安门，周围是谷穗和齿轮；首都是北京。

1954 年宪法是新中国的第一部社会主义宪法，它继承和发展了《中国人民政治协商会议共同纲领》的正确原则，反映了全国广大人民的共同利益和愿望。它是党依靠群众、团结各族人民的光荣成果，具有划时代的非凡意义①。它是新中国成立以来政治、经济、文化等各方面建设经验的总结，是新中国民主法制建设的重大成果。它的制定、颁布与实施，标志着我国法制建设进入了一个新的发展阶段。

第二节　法制建设的曲折发展

一、法制建设的曲折时期

每个阶段都有每个阶段要完成的任务，国家建设也是如此。新中国成立初期，我国通过对社会各个层面"去其糟粕，取其精华"，基本完成了既定目标，已进入全方位建设社会主义阶段。在此背景下召开的中国共产党第八次全国代表大会，提出要"进一步加强人民民主的法制""逐步地系统地制定完备的法律"。中共八大的这一指导思想为立法工作开辟了蓬勃的发展前景。但从 1957年 6 月以后，国内的政治方向开始发生变化，国内形势也变得不明朗起来，法律虚无主义日渐抬头，使得这一前景并未实现，相反，却进入了曲折发展的时期②。

这一时期，全国人大及其常委会虽然大多数时间里举行了会议，行使了职权，但它的立法和监督职能受到了削弱。从 1958 年第一届全国人大五次会议开始，连续 5 次，全国人民代表大会没有听取和审议最高人民法院、最高人民检察院的报告，使得全国人大对"两院"的监督工作无法落实。由于全国人大及其常委会的立法职能没能有效发挥，一些本该制定出来的基本法律没能制定出来。

《中华人民共和国刑法》从 1950 年开始起草，到 1957 年 6 月，已经写出了第 22 稿。第一届全国人大四次会议曾做出决定：授权全国人大常委会根据各方意见和建议，将第 22 稿进行修改后，作为草案公布试行，在试行中继续

---

① 金延锋. 毛泽东与新中国第一部宪法 [J]. 观察与思考，2019（11）：5-10.

② 陈寒枫，杨一凡. 我国法制建设和法治发展六十年的基本进程和基本经验（下）：为我国社会主义法律体系如期形成而作 [J]. 人大研究，2011（7）：4-11.

征求各方面的意见，再加修改然后提请全国人民代表大会审议通过。虽然全国人大做出了决定，但刑法草案第 22 稿并没有公布。在这一特殊时期，轻视法律、否定法律的思潮日渐滋长，人们认为法律的作用是无足轻重的，政策可以代替法律，法律的存在会使政策实施起来缺乏灵活性，碍手碍脚。

1957 年之后的一系列政治运动，不仅是对国家正常经济生活的一次巨大冲击，而且也是对国家社会生活的一次巨大震荡，从而引发了不少问题。党和国家及时发现了这一偏差并积极采取一些措施加以纠正，于是在 1961 年提出了"调整、巩固、充实、提高"的八字方针。在这样的情况下，1962 年 3 月 22 日，毛泽东就法律工作明确指出："不仅刑法要，民法也需要，现在是无法无天。没有法律不行，刑法、民法一定要搞。"根据毛泽东这一指示，刑法起草工作再次提上议事日程。同年 5 月，在有关部门的协同下，全国人大常委会办公厅法律室在刑法草案第 22 稿的基础上恢复了起草研拟工作。经过多次的重大修改和反复征求意见，到 1963 年 10 月，完成了刑法草案第 33 稿。这个稿本经中共中央政治局常委和毛泽东审查，曾考虑公布。但因随后开始的"四清""文化大革命"等政治运动的冲击，最终没能公布。刑法草案稿沉寂了 15 个年头，直到 1978 年 10 月刑法起草工作才又重新开始。

《中华人民共和国民法典》在 1954 年下半年正式开始起草，到 1956 年 12 月已完成"民法草案"。草案分总则、所有权、债、继承 4 篇，共 525 条。由于全国政治运动的兴起，"民法草案"工作也不了了之，政治运动严重束缚了"民法草案"的推进进程。

这一时期的立法工作虽然逐步走向削弱，但仍然取得了一定的成绩。据统计，从 1957 年到 1966 年 3 月，我国共制定了法律、法规性文件 675 件。其中：1957 年 195 件，1958 年 147 件，1959 年 143 件，1960 年 50 件，1961 年 20 件，1962 年 24 件，1963 年 36 件，1964 年 38 件，1965 年 14 件，1966 年 8 件。这些法律法规的制定与实施，对于社会主义建设事业的发展起到了一定的作用。

二、审判工作的曲折发展

从 1957 年开始到 1966 年，是审判工作在曲折中发展的时期。一方面，全国各级人民法院审判了 530 多万件反革命案件和其他刑事案件，处理了 540 多万件民事案件，对保障社会主义建设事业的顺利进行做出了积极贡献；另一方面，从 1957 年下半年到 1960 年的一段时间内，人民法院的审判工作也发生过思想失误，并造成了比较严重的后果。从 1961 年下半年起，各级人民法院采取有力措施，认真纠正失误，使审判工作又基本上回到了正确的轨道并继续前进。

1957年至1960年审判工作的成就。1956年，国内的总体形势已经发生了本质上的变化，基于这种变化，法院的工作也出现了连带反映，表现在：一方面，所有刑事犯罪案件的数量呈下降趋势；另一方面，人民内部纠纷突出起来。面对这些新情况、新问题，人民法院一方面继续加强刑事审判工作，坚持对敌专政，另一方面认真学习毛泽东《关于正确处理人民内部矛盾的问题》，运用说服教育的方法处理人民内部纠纷，取得了成效，积累了经验。

1958年12月，从大的国内背景下党中央提出了"三少"政策。因为从新中国成立初到1958年，人民的政权进一步得到巩固，鉴于这个背景，中央才出台了上述政策，要求最高法院指导地方各级人民法院的工作，坚决执行"三少"政策，1959年就取得了明显的效果，人民法院一审案件数量直线下降到53万件；1960年继续下降，判处死刑的案件也大为减少。总的来说，办案质量较1958年有所提高。

1957年至1960年四年内，各地人民法院共审结170多万件民事案件。在财产权益纠纷方面，各地人民法院遵循依法办事原则，不会乱抓一个好人，更不会错放一个坏人，正确处理人民的内部矛盾，以批评教育为主，以协调解决为辅，公平、公正地依法保护当事双方的合法权益，收到了良好的效果。在婚姻家庭纠纷方面，因生活困难、压缩城市人口、妇女外流等原因引起的离婚纠纷，情况复杂，处理难度大。对这些案件，各地人民法院深入调查研究，多做思想工作，分别根据不同情况，做出不同处理。由于处理合情合理合法，得到了社会的广泛同情。总的来说，这四年内的民事审判工作成绩是主要的，绝大多数案件的处理是正确的和基本正确的。这对于增强人民内部团结、促进生产建设起到了一定的积极作用。

1964年1月14日，中共中央发出《关于依靠群众力量，加强人民民主专政，把绝大多数四类分子改造成为新人的指示》，最高人民法院积极指导各级人民法院认真加以贯彻执行。经过两年的贯彻执行，取得了良好效果，出现了"捕人少、治安好"的可喜形势。最高人民检察院的材料显示，全国批捕人数，1965年较1964年减少37.1%。人民法院受理的刑事案件（包括公诉案件和自诉案件）也大幅度减少，1964年较1963年减少37.8%，1965年较1964年又减少9.6%。这与贯彻执行依靠群众、实行专政的方针是分不开的。

三、检察工作的曲折发展

1956 年中共八大提出加强法制建设以后，检察工作得到了进步。但为时不久，就受到错误思想的冲击而出现了重大曲折，从而否定和撤销了检察机关。

这一时期的检察工作虽因指导思想上的失误而遭受了挫折，但由于各级检察机关和检察干部的努力，还是取得了一定的成绩。

一是打击现行破坏活动，正确执行"三少"政策。1957 年，一些潜伏下来的反革命分子和新生的反革命分子乘整风之机进行破坏活动，检察机关协同有关部门给予了严厉的打击。据山东、广东、浙江、安徽、贵州、陕西、甘肃、辽宁、黑龙江、天津 10 个省、市检察院的统计，在 1957 年，经公安机关侦查终结、检察机关审查并决定起诉的反革命分子和其他刑事犯罪分子共为 104 736 人。在辽宁、黑龙江、陕西、天津 4 个省、市检察院提起公诉的 28 703 名罪犯中，反革命犯为 4598 人，其他刑事犯为 24 105 人，反革命犯占 16.02%。检察机关在打击现行破坏活动中，正确执行中共中央在 1958 年提出的"三少"政策，对那些应该捕但不是必须捕的犯罪分子，从宽处理，不予逮捕，而由群众管制起来，进行监督改造；该杀可不杀的犯罪分子判长期徒刑并进行劳动改造；人民公社监督应管可不管的犯人，使其进行劳动改造。1959 年，各级人民检察院执行"少捕"政策，各地抓捕人数普遍有所下降，有些地方下降的幅度还比较大。同 1958 年相比，1959 年宁夏回族自治区各级人民检察院批准逮捕的反革命犯减少 8.5%，其他刑事犯减少 18.1%。同年，黑龙江省各级人民检察院批准逮捕的各种犯罪分子同比减少 60.45%。河南省各级人民检察院批准逮捕的各种犯罪分子同比减少 84.8%。1960 年，全国各级人民检察院继续贯彻执行"少捕"政策，全年批准逮捕各种犯罪分子 26 万余人，提起公诉 24 万余人。由于贯彻执行了"少捕"政策，防止和减少了错捕、错判，缓和了当时由于思想错误而形成的紧张空气，从司法工作方面调整了社会关系，安定了人心。

二是同严重违法乱纪行为作斗争。1958 年，一些基层干部的违法乱纪行为十分突出，为此各地检察机关认真同严重违法乱纪行为作斗争，查处了不少案件，取得了一定成绩。据统计，1962 年至 1963 年，全国 11 个省共办理违法乱纪案件 17 263 件，平均每个省办理 1569 件。1964 年各级人民检察院办理的违法乱纪案件已显著减少。这一年，全国各省、自治区、直辖市检察院共办理违法乱纪案件 13 128 件，平均每省、自治区、直辖市办理 452 件。检察机关在查处违法乱纪案件中贯彻执行了教育为主、处分为辅、区别情况、区别对待的原则，着重打击那些混入内部的敌对阶级分子、少数不可救药的蜕化变质分子，以及出于私怨而挟嫌报复的分子，对于大多数因政策水平低、工作方法简单而犯有违法乱纪错误的基层干部，则进行批评教育和挽救，做到团结95%以上的干部。经过同违法乱纪行为的斗争，国家惩治了坏人，密切了干群关系，增进了人民内部团结，促进了生产。

三是"矛盾不上交"。1964年1月中共中央提出了依靠群众实行专政的方针，各地检察机关为了贯彻执行该方针，先后进行了试点工作。据27个省、自治区、直辖市检察院的统计，到1964年5月底，共进行试点1923个，依靠群众处理各类犯罪分子14 194名。各级检察机关经过试点，培训了干部，积累了经验，制定了办法，到1964年下半年，依靠群众处理案件的工作已经普遍展开。以河南省为例，1964年依靠群众处理各种案件共计6272件，其中在批准逮捕和决定起诉之前向群众核实材料、征求处理意见的有2627件，不批捕、不起诉，依靠群众就地教育改造的有1212件，依靠群众处理干部违法乱纪案件1000件，依靠群众处理申诉案件233件，另外还依靠群众处理人民来信来访案件1200件。各地在贯彻执行依靠群众实行专政的方针中，都紧紧掌握住它的核心问题，就是"矛盾不上交"，把相当多的一部分犯罪分子留在当地教育改造。1965年，甘肃的天水、定西、酒泉等地区，依靠群众就地教育改造社会上的犯罪分子达到70%，依靠群众处理的干部违法乱纪案件达90%，依靠群众处理的申诉案件达70%。这说明方针的思路是正确的，只有依靠人民群众，才能发挥党中央办大事的凝聚力。

四是开展对社会改造的检察工作。社改检察内容主要包括：四类分子是不是真正认罪，好好地接受社会主义改造；对相关部门进行认真检查，发现有些部门对犯罪分子放松监督，不按政策、法律办事，违规操作，为了纠正这种现象，大多数检察机关都成立了社改检察基点，用多样的、灵活性的方法来开展监督工作。进行社改检察的主要方式包括：组织专门力量深入重点地区进行检察或者巡回检察；结合办案进行社改检察；在干部参加劳动生产的过程中，结合进行检查。最为普遍的方式，是通过整社运动，对四类分子（地主、富农、反革命分子和其他坏分子）进行全面评审。人民检察院的社改检察工作，收到了较好的政治效果：通过社改检察，落实了改造措施，及时掌握了四类分子改造的表现，促进了四类分子的改造；四类分子有的也被错划和漏划，检察机关及时执行国家的政策，避免这类事件的发生。检察机关对社会改造的检察工作，一直持续到1966年。

第三节　拨乱反正与恢复法制

一、拨乱反正

1978 年 5 月 11 日，《光明日报》发表特约评论员《实践是检验真理的唯一标准》的文章。文章认为检验真理的唯一标准只能是社会实践，理论与实践的统一，是马克思主义的一个最基本原则。由此，引发了全国范围内关于真理标准的大讨论。这篇文章是一次思想解放运动的宣言书；这场大讨论为党的十一届三中全会的召开提供了思想源泉。

1978 年 12 月 18 日，具有划时代意义的中国共产党十一届三中全会召开。这次会议，决定把全党的工作重心转移到社会主义建设上来。会议公报中明确提出了宪法规定的公民权利，必须坚决保障，任何人不得侵犯。为了保障人民民主，必须加强社会主义法制建设，使民主制度化、法律化，使这种制度和法律具有稳定性、连续性和极大的权威性，做到有法可依、有法必依、执法必严、违法必究。该公报还明确，应当把立法工作摆到全国人民代表大会及其常务委员会的重要议程上来。检察机关和司法机关要保持应有的独立性；要忠实于法律和制度，忠实于人民利益，忠实于事实真相；要保证法律面前人人平等，不允许任何人有超越法律之上的特权。

冤假错案审理平反。1966 年 5 月至 1976 年 10 月期间的案件审批，出现了很多的冤假错案，其中很多是以法院判决形式做出的处理。纠正冤假错案是 1976 年以后的首要任务。纠正冤假错案要遵循有错必纠原则，错多少平多少，依据事实和法律办事。

二、恢复法制建设

（一）恢复和加强立法

1978 年 3 月，全国人民代表大会通过《宪法修改草案》（以下简称七八宪法）。七八宪法对公民的权利、义务条款进行了大量增补，由过去的 4 条增加为 16 条；取消了七五宪法中关于在上层建筑中实行全面专政的条款，将全国人大是中国共产党领导下的最高国家权力机关修改为全国人大是最高国家权力机关；恢复了人民检察院的建制和国务院统一领导全国地方各级国家行政机关的工作的规定。

1979 年 6 月～ 7 月，第五届全国人民代表大会第二次公议，通过了 7 部重要的立法。1982 年 3 月 10 日，全国人民代表大会又颁布《中华人民共和国民事诉讼法（试行）》，结束了我国长期以来没有刑法和民事诉讼法的历史。

（二）法律机构的恢复与建设

恢复被撤销或者名存实亡的法律机构，是恢复改革开放后法制建设的基础。所以，1976 年以后，第一个任务就是恢复法律机构。此外，成立新的法律机构，也成了法制发展的需要。1979 年 2 月 23 日，我国设立全国人大常委会法制委员会，专门负责研究、起草、修改法令草案，协助人大常委会加强法制工作。1979 年 9 月，中共中央发出指示，要快速扩大各级司法机构。人民法院按照 1954 年的《中华人民共和国法院组织法》的规定，逐渐恢复了原有的机构，人民检察院、司法行政机关、各专门法院等法制机构也开始恢复。1980 年，国务院办公厅设立法制局，负责行政立法工作，国务院各部门也相继成立了政策法规机构，负责处理部门行政立法事项。

（三）律师制度的恢复与发展

1979 年，随着改革开放脚步的加快，国家重要的权力机关陆续重新恢复运营。司法部得以重新建立，发出了一个关于恢复律师制度的通知。1980 年 8 月，全国人大常委会通过了《中华人民共和国律师暂行条例》，这是第一部规范律师职业行为和律师组织的法规。1983 年，深圳成立了第一家律师事务所。1986 年 7 月，中华全国律师协会成立。

第四节　新时期法制建设的发展

一、改革开放初期的法制建设方向

1984 年，中共中央作出了《中共中央关于经济体制改革的决定》，系统地阐明了社会主义改革理论和实践中的一系列重大问题，为有计划商品经济的发展奠定了政策基础。1993 年，中共中央明确提出了要建立企业法人、现代企业制度，弄清产权关系；确立合理有序的市场体系，优化资源配置，建立和发展生产要素市场、劳动力市场、资本市场、房地产市场和技术信息市场；完善宏观调控体系；等等。因此，这期间中国的法制建设主要是围绕经济法制在推进的。

（一）规范市场主体的法制建设

通过制定《中华人民共和国公司法》《中华人民共和国合伙企业法》《中华人民共和国商业银行法》等法律来规范市场主体的行为。与过去不同的是，这些法律多是按市场主体的责任形式而不是按企业的所有制性质进行规定的。这些法律为多种经济成分的共同发展特别是建立现代企业制度提供了良好的法律基础和依据。

（二）确立市场规则与维护市场秩序的法制建设

推行市场经济，需建立起市场规则，以达到维护市场秩序的目的。在立法方面，有规范民事行为的《中华人民共和国民法通则》，还有《中华人民共和国反不正当竞争法》《中华人民共和国消费者权益保护法》等一系列法律法规，以维护市场的公平、公正和公开，从而形成开放和统一的市场。

（三）加强宏观调控的法制建设

实行市场经济的同时，也需要加强和完善宏观调控，促进经济协调发展，保障经济健康运行。这期间，我国制定了《中华人民共和国预算法》《中华人民共和国中国人民银行法》《中华人民共和国商业银行法》《中华人民共和国价格法》等法律，并对部分法律进行了修改完善。这些法律的制定和完善，加强了金融、财政的快速蓬勃发展，为政府职能向更深一层转变、完善宏观调控奠定了法制基础。

（四）初步形成多层次对外开放法律制度

党的十一届三中全会以后，对外开放速度加快。与此相适应，对外开放方面的法制建设也发展迅速。在对外贸易方面，制定了《中华人民共和国对外贸易法》。在涉外经济活动方面，制定了《中华人民共和国涉外经济合同法》《中华人民共和国海关法》《中华人民共和国外资企业法》等法律。另外，还包括涉外技术转让方面的立法、涉外投资与金融方面的立法、涉外税收立法、涉外商法等。

二、新时期法制建设的整体规划

（一）建设社会主义法治国家

1997年党的十五大明确提出了社会主义现代化的重要目标、治国基本方略。它们分别是建设社会主义法治国家和依法治国。全面建设小康社会的重要目标是让依法治国的基本方略得到全面落实，这是中共十六大提出来的。中共十七大明确提出要加快建设社会主义法治国家。中共十八大不仅提出要全面推进依法治国，还强调了法治是治国理政的基本方式。1999年，"中华人民共和国实行依法治国，建设社会主义法治国家"被载入《宪法》，从此，中国的法制建设揭开了新篇章。

2004年，"国家尊重和保障人权"被载入《宪法》。自从我国在中共十五大上提出了依法治国的基本方略，全国各部门系统贯彻执行党的政策方针，由此开始了依法治国的进程。每个阶段有每个阶段的目标，到了20世纪初的中共十七大，我国又提出要全面落实依法治国，加快建设法治国家的目标，由此说明了依法治国对我们国家的重要性。中共十八大又提出要提高干部的领导能力、依法办事能力和为人民服务的能力。这是新时期对法治地位与作用的肯定和高度评价。

（二）中国特色的立法体制和法律体系

《宪法》规定，国家立法权由全国人民代表大会及其常务委员会行使。全国人民代表大会制定和修改刑事法律、民事法律、国家机构组织法和其他基本法律。全国人民代表大会常务委员会制定和修改除应当由全国人民代表大会制定的法律以外的其他法律，并可以对全国人民代表大会制定的法律进行部分补充和修改，但是补充和修改不得同该法律的基本原则相抵触。

为使法律符合公众的根本利益和国家的整体利益，同时又兼顾各方面的具体利益，保证立法的科学性和民主性，中国法律规定了全国人民代表大会及其常务委员会的立法程序以及国务院制定行政法规、地方人民代表大会及其常务委员会制定地方性法规的程序。全国人民代表大会常务委员会审议法律案件一般实行三审制。这种多次审议的过程，就是通过协商以求充分表达各种利益诉求，并力求把各种利益关系调整好、平衡好的过程。这种程序民主，体现了全国人民代表大会制度的鲜明特点。

有法可依是建设社会主义法治国家的前提。经过多年不懈的努力，以宪法为核心的中国特色社会主义法律体系基本形成。当代中国的法律体系，部门齐全、层次分明、结构协调、体例科学，主要由 7 个法律部门和 3 个不同层级的法律规范构成。7 个法律部门包括：宪法及宪法相关法，民法商法、行政法、经济法、社会法、刑法、诉讼与非诉讼程序法。3 个不同层级的法律规范包括：法律、行政法规、地方性法规。

（三）规范市场经济秩序的法律制度

我国实行市场经济的法律保障是加快相关经济立法的实施，市场经济中遇到的一些问题需要在法律中找到解决方案，也就是说法律是为市场经济服务的。现阶段我国的法律制度已经基本成形，主要包括以下内容：

1. 民事法律制度

民事法律制度是与人们生活的方方面面都相关的，制定民事法律制度是为了方便人与人之间的确权。例如，财产权的继承、变更、过户，都需要相关的法律制度来规范。随着经济的飞速发展，人们的需求也越来越多，这时就需要出台一些相关法律满足人们的需求。

2. 市场主体法律制度

改革开放以来，我国的市场主体发生了很大的转变，以前的市场主体就是国家、集体、公社，实行市场经济后，市场主体逐渐转变为国企、民企、私企、个体工商户，随着市场主体的转变，相应法律制度的立法导向也发生了转变，为市场经济提供了基本保障。

3. 市场管理法律制度

随着我国市场经济的快速发展，银行业、保险业、证券业进入了飞速发展的阶段。经济的飞速发展必然会孕育出超大型的公司，它们是市场经济的产物，同时也推动了市场经济的发展。然而在发展的过程中也出现了一些问题，例如，实力雄厚的公司搞垄断、不正当竞争，给市场经济的发展带来了不确定因素，基于此，国家颁布实施了一些法律法规，有效监督了市场行为，加强了规范管理。

4. 知识产权保护法律制度

几年前，相比于发达国家，我国的知识产权产业发展得比较缓慢，所以我国保护知识产权的立法并不太完善。但是随着我国科学信息技术、出版业、海洋业、植物学的发展，国家也制定了保护产业技术和文学作品、海洋和植物领域的法律。通过制定法律，国家的知识产权保护制度也趋于完善。

5. 资源节约和环境保护法律制度

国家资源在未开采之前是比较充足的，但随着各行各业的发展，人们的资源使用观念也发生了变化，资源多了，人们也就不太珍惜资源了。另外，经济的发展也必然带来环境的污染，鉴于我国之前处于低质量发展阶段，低质量发展是粗放的，不考虑后果的，所以产生了非常严重的环境问题，所以国家从长远考虑，将资源节约和环境保护确立为基本国策，还先后颁布实施了一系列相关法律，引导企业和个人从自身做起，节约资源，保护环境。

6. 缔结或参加了多部国际环境与资源保护条约

为了响应联合国的号召，同时以以身作则、身体力行的态度来保护世界环境，中国先后和联合国签署了多项关于保护大自然气候以及治理荒漠化领域的文件。这说明中国积极参与到世界环境保护中来，时刻准备贡献自己的一分力量。

（四）依法行政与建设法治政府

依法行政是我国重大的战略目标，可以是长期目标，也可以是终极目标，与建设法治政府共同被纳入国家战略层面。新时期要让各级人民政府做到依法行政，首先要颁布实施可依据的法律法规。20 世纪 90 年代和 21 世纪初一共颁布了两部法律，要求各级人民政府全面执行。照目前来看，取得的效果还是不错的。每个时间段要完成每一阶段制定的目标，而且政府要主导、监督、贯彻实行。国家的最终目标是建设法治政府，让人民获得幸福感。

（五）司法制度与公正司法

审判制度是司法制度的重要组成部分，只有加快审判制度的改革，我国才能更好地进行法制建设。其中，审判系统是重中之重，只有审判体系透明，才能建设健康的现代司法制度。

近年来，国家加强了司法制度体系的改革。司法工作应深入群众中去，发现问题、解决问题，维护公平与正义，维护司法制度的公正性，着重对司法体系进行监督和权力制约，坚决打击知法犯法人员。同时司法工作要专业、高效，确保依法行使审判权、检察权，做到让人民放心。

司法部门开展"四务"公开，有力地加强了与人民群众的紧密联系，使人民的知情权更加透明，提升了人民对司法的关注度，使人们了解了司法流程，让人民比以前更懂法，同时加强了人民对司法体系的监督，特别是对司法工作人员的渎职、不公正行为的合法举报。

通过完善刑事司法制度，针对未成年人犯罪制定的法律越来越合理，办理案件越来越透明，在尊重和保护未成年人人权问题上处理得越来越好，超时在押执行越来越规范，社区矫正试点和人民监督员制度试点取得良好效果。

通过改革和完善工作机制，司法效率进一步提高，调解机制得到进一步全面的发展。通过加大司法救助和法律援助的力度，诉讼难、执行难的问题得到有效解决。

近年来，国家和地方财政部门越来越重视对司法部门的投入，这也为司法部门改革提供了坚实的物质基础。首先是改革干部管理体制，通过实施改革，司法部门有了活力，同事之间加强了深入交流；其次是改革经费保障机制，通过实施改革，完善了竞争采购方式，最大限度地保障了司法部门的公平、公正。

（六）积极推进普法教育

增强法制观念是新时期公民应该具备的素质。近年来国家大力提倡法治教育，增强公民的法律意识。大家要多学习法律知识，争取做一个知法、懂法的人，这样不仅对我国的文化建设有非常大的帮助，也可以增强国家的软实力。

中国对普法教育是非常重视的，在普及法律方面下了很大的功夫，并且制定了规划，由司法部组织实施。国家公职人员对全体公民进行法律知识的宣传与普及，让每个公民都了解法律是什么、能起到什么作用，遇到问题怎么用法律来维护自己的合法权益，从而让公民更懂法更守法。国家不仅强调依法治国，也强调依法治省、依法治市，这是依法治国的基础保障，只有全国各省、市依法办事了，国家才能更强大。应让这些法制观念扎根到国家各机关单位公职人员和全体公民的心中，让大家为共同建造一个法治国家而奋斗。

通过这些年对普法教育的宣传和实行，普法教育已逐渐被全社会接受，大家积极踊跃学习法律知识，带动了更多人加入学习法律的热潮中来，形成了全社会都参与的盛况。对此，中共中央政治局也号召国家各个系统积极学习法律知识，并先后组织国家公职人员集体学习法律知识，大家积极交流发言，表达自己的法律观点，提升自己的业务水平。基于上述背景，我们国家形成了集体学习法律知识的制度，并且把每年的 12 月 4 日定为我国的"法制宣传日"，正式确立法制宣传制度，为我国的普法教育提供政策依据。

三、中国特色社会主义法律体系的形成

截至 2011 年 8 月底，我国已形成中国特色社会主义法律体系。理由如下：我国设立的法律部门非常全面，包含了社会的各个层面，法律的种类也相当完备，最基本最主要的法律都已制定实施，相关的地方性法律法规也比较完善；我国已经制定包含《宪法》、有效法律、行政地方性法规等共 9500 多部，这是非常大的成就；从质量上来说，总体能做到广泛征求各方意见，积极听取各方提出的建议，结合本国实际和人民诉求来制定法律。

2011 年 3 月 10 日，吴邦国庄重宣布，中国特色社会主义法律体系已经形成。国家经济、政治、文化、社会以及生态文明建设的各个方面实现有法可依。中国特色社会主义法律体系涵盖宪法及宪法相关法、民商法、行政法、经济法、社会法、刑法、诉讼及非诉讼程序法 7 个法律部门。

改革开放 40 多年来，中国经历了一个不断完善和发展的过程，这种完善和发展主要表现在以下几个方面。

（一）法律种类日益齐全

中国改革开放以来，为适应社会主义市场经济关系的需要，成立了许多具有中国特色的法律部门。中国特色社会主义法律体系在进一步发展中，必须继续增加与经济基础相关的内容，特别是与贯彻和落实科学发展观相关的内容，以进一步解决此领域的无法可依的问题，使社会主义法律体系的内容更加齐全和完善，同时也要注意及时清理和修改那些过时的法律或法律条文，该废止的废止，该更新的更新，使其更好地为社会主义现代化建设事业服务。

（二）法律结构不断优化

任何法律体系都是有着一定结构的，这是法律体系之所以成为体系的客观基础。随着社会的发展，法律体系的结构不断优化，以充分发挥其功能。法律结构的优化主要有：①层级关系日益合理。例如，宪法、法律、法规之间既层次分明，又相互依存。②逻辑联系日益紧密。例如，各个部门法之间应该紧密相连，而不应有空白区。③内容联系日益一致。例如，程序法和实体法之间应保持高度一致，尽可能减少矛盾。在推进社会主义法律体系建设的过程中，应继续做好其内部结构的优化工作，以使社会主义法律体系的整体性进一步增强，法的功能得到更好的发挥。

（三）法的功能不断增强

法的功能，包括经济功能、政治功能、文化功能、社会功能、生态功能等。

中国法律体系在发展过程中，其功能是不断强化的。法律保护的对象越来越广泛，如由保护人的生存权，到保护人的发展权，由保护社会的经济、政治、文化发展到保护社会自身和生态环境发展；法律保护的力度不断加大，如由宪法保护发展到法律、法规保护，由结果保护发展到过程保护等；法律保护的效率不断提高，如立法和修法的时间不断加快，执法的时间不断缩短等；法的效果日益明显，如随着社会主义法的功能不断强化，中国的社会秩序日益走向正常，人民群众的安全感日益提高。

（四）法与社会的关系日益紧密

社会主义法不是孤立存在的，它与社会存在着多方面的依存和交换关系。这种关系越紧密，法也就越发展，否则法就会萎缩。中国自改革开放以来，法与社会的关系是越来越紧密的，这主要表现在：社会主义法的发展对社会发展的依存度越来越高。一方面，社会生活的各个方面不断提出立法和修法的需要；另一方面，社会也不断为立法和修法提供着各种物质和精神条件，从而推动社会主义法律体系的日益发展和完善。社会主义法与自然科学和社会科学的各个部门之间的交换关系日益增多。如现代法医学中的很多内容都是直接从自然科学中来的，不从现代自然科学中吸收营养，法医学就一步也不能前进。

（五）不断提高立法质量

立法工作的好坏关系着法律方向的好坏，立法工作科学严谨，再加上前期的精心调研，随时掌握第一手资料，那么这样的法律无疑是好的，是经得起推敲的。反之，则亦然。关系到人民切身利益的法律，要广泛听取社会大众的意见，要充分体现人民的意愿。对于专业性很强的法律，要多开听证会讨论，把能想到的一切尽量想全面，只有这样，我们国家的立法质量才会有质的飞跃，不辜负人民对我们的期望。

（六）坚持与时俱进

中国特色社会主义法律体系是动态的、开放的、发展的，需要与时俱进，需要适应客观条件的发展变化而不断加以完善。随着经济社会的发展，民生问题日益突出，社会建设日益重要。根据中国共产党的十六届六中全会和十七大的精神，全国人大在继续完善经济立法的同时更加突出了立法为民的理念，着力加强社会领域、民生领域的立法，这意味着中国立法正以关注民生的视角，开始了由经济立法向社会立法、民生立法的重要转型。

第三章　法制建设之政治体制

中国的政治体制改革必须从中国的国情出发，必须坚持党的领导、人民当家作主和依法治国的有机统一，必须有切实可行的推进策略。本章分为法制建设与社会主义政治文明建设的关系、中国政治体制改革进程。

第一节　法制建设与社会主义政治文明建设的关系

一、法制建设程度反映了政治文明的程度

中共十六大确定了全面建设小康社会，是中国特色社会主义经济、政治、文化全面发展的目标。这标志着我国社会主义市场经济、社会主义民主政治以及先进文化三者必须有机统一、缺一不可。而这其中的民主政治的实现、市场经济的建设、先进文化的形成都需要政府依照法律给予支持和保护。完善法制，就是要使国家各项工作逐步走上法律化和制度化的轨道，从而实现国家政治生活、经济生活、社会生活的法制化和规范化。可见，法律制度的建设程度以及人们对法律的遵守程度，反映了社会主义国家的文明程度，尤其是政治文明进步的程度。

与此同时，法制建设的健康发展是实现社会主义政治文明的内在要求。中国共产党执政就是领导和支持人民当家作主，促进广大人民群众行使当家作主的权利，进行广泛的政治参与，而这种政治参与是社会主义民主政治发展所需要的。人民当家作主是人民通过各种形式和途径对国家和社会事务进行直接和间接的管理。要保证广大人民群众能充分行使这一权利，那些被人民认可的、体现人民意志的制度就需要以法律规范的形式表现出来，这样才能真正保证公民有序地参与政治，让广大人民群众在党的领导下，依照宪法和法律的规定，

53

通过各种途径和形式参与管理国家、管理经济文化事业、管理社会事务，维护人民群众的根本利益。可见，要保证党的领导，实现人民当家作主，就必须要依靠社会主义法制建设的健康发展。因此，我们不仅要制定严格的法律，做到有法可依、有法必依，而且还要坚持执法必严、违法必究。尤其是在建设社会主义市场经济的条件下，更要提高立法质量，推行依法行政，维护司法公正，提高执法水平，把我国建设成一个法治国家，从而推动社会主义政治文明的建设。

社会主义法制作为社会主义社会的重要标志，是社会主义制度的本质要求。所有社会都是由不同方面共同构成的，属于一个统一体，而其涉及的重要部分包括经济、政治、法律和思想文化等。对于社会主义社会而言，相应的法律制度是非常必要的，而并非只需要先进的经济和政治制度。在社会主义社会以前，奴隶社会和封建社会实行专制制度，都是人治社会。资本主义社会是法治社会。同以往的人治社会相比，资本主义法治社会彻底否定了专制制度，树立了法律的权威，扩大了法律在社会中的调整领域，这无疑是历史的进步。但是，资本主义法律归根到底是为剥削剩余价值、增殖资本服务的，具有其不可克服的阶级局限性。社会主义消灭了人剥削人的制度，实现了生产资料的公有制和人民当家作主，在人类历史上第一次使法律真正成为全体人民利益的体现。因此，社会主义应当比资本主义更大规模地运用法律来组织和管理社会的运行。从本质上讲，社会主义政治制度就是推进法制的实行，社会主义制度与法制不可分割，这也是社会主义制度优越性的具体表现。正如邓小平同志所说："没有法制不行。"对于社会主义事业而言，其兴衰成败往往是与法制相挂钩的，法制在其中发挥着重要作用。可以说，法制是社会主义的基础。

二、法制建设是现代化建设的重要内容

集中力量进行社会主义现代化建设是社会主义初级阶段党和家的中心任务。早期的新中国是相对落后的，无论是社会现代化程度还是生产力水平都无法与当时先进的资本主义国家相比。因此，我们必须基于社会主义的条件，花费更长的时间去完成社会现代化。

第二次世界大战以后，现代化已成为一股世界性的潮流。"现代化"并不等同于"工业化"，也不仅仅是指经济增长和技术革新的过程。工业化是现代化社会里的一个过程，但只是许多过程中的一个。一般而言，现代化的本质是整个社会的变迁和发展，它会涉及多个方面，包括法律、政治等，而其中心则

是经济发展。在该变迁过程中，法制建设则是一项不可替代的重要内容。

国内外学者在论述社会现代化时一致认为，法制是现代化社会的组织形式。美国学者布莱克认为，"若没有高度组织化的法治，要使现代国家的功能相对合理化是不可能的"。有学者提出现代化的四个标准：①国家现代化；②经济现代化；③社会的现代化，也就是社会关系的合理化问题，它要求排除人与人关系中的恣意的支配和从属关系，建立"法的支配"关系；④人的现代化。由此可见，对于现代化社会而言，法制是一个重要标志。

任何一个国家的现代化过程都应具有某些共同的因素和标志。法制建设就是现代化过程不可缺少的内容，或者说法制是衡量一个社会是否实现现代化的重要参数。就历史的观点而言，现代化是社会、经济、政治体制向现代类型变迁的过程。

三、法制建设贯穿于社会主义政治文明建设的全过程

在社会主义政治文明建设与改革过程中，离不开法律的保障。党的十三大报告中指出："法制建设必须贯穿于改革全过程。"这也表明了法制在改革中的地位和作用，使法制与社会主义政治文明建设在一个更为广阔的社会背景和宏大的历史使命中呈现出来。中国的改革是在一个没有完备的法制的条件下进行的，这就决定了我们既要通过加强法制建设来推进社会主义政治文明建设，又要通过社会主义政治文明建设来实现法制建设，我们面临的是政治改革与法制建设的双重任务[①]。

首先，法制是政治建设的基本目标和重要内容。根据党的十三大设计的政治体制改革总体方案，我国政治体制改革的长远目标是建立高度民主、法制完备、富有效力、充满活力的社会主义政治体制。我国是人民民主专政的社会主义国家，这一基本制度是好的，但在具体领导制度、组织形式和工作形式上存在重大弊端。

法制不健全是政治体制存在的弊端之一。其他弊端，诸如权力过分集中、官僚主义等，都与法制不健全有关联。邓小平同志指出："旧中国留给我们的，封建专制传统比较多，民主法制传统很少。"因此，我国改革的一项重要任务，就是要清除封建专制传统，实现社会的法制化。

在改革过程中，必须始终不渝地加强立法工作，改善执法活动，保障司法

---

① 刘世军.社会转型期的中国政治体制改革 [J].上海社会科学院学术季刊，2000（1）：60-66.

机关依法独立行使职权，提高公民的法律意识。通过改革，我国社会主义民主政治逐步走向制度化、法律化。这是实现国家长治久安的根本保证。

其次，法制建设是社会主义政治文明建设的重要手段。政治建设是一项宏伟复杂的系统工程。社会主义政治文明建设必然包括政治、经济、法律、道德、文化等诸种手段的综合运用。与其他改革手段相比，法制具有不可替代的作用。具体说来，法制建设的作用主要表现在以下两个方面[①]。

一是法制建设为社会主义政治文明建设提供法律依据。我国政治文明建设是社会主义制度的自我完善和发展。因此，社会主义政治文明建设必须在坚持社会主义基本经济制度和政治制度的前提下，有领导、有计划、有步骤地进行。

我国现行宪法和法律的基本规定，指明了我国社会主义政治文明建设的基本走向和目标，为社会主义政治文明建设提供了法律依据，奠定了法律基础。通过法律指导改革，规范社会主义政治文明建设的方向、进程和步骤，是保证政治文明建设沿着社会主义方向顺利发展的重要手段。在改革过程中，要及时地根据改革的进程和需要，制定和实施有关法律、法规，以推进和指导改革。

二是法制建设促进改革的发展。改革的深化和发展，使愈来愈多的社会关系和社会活动准则需要用法律方式固定下来。用法律的方式确认已经进行的改革，将改革中形成的新的社会关系、社会规范变为法律的内容，是巩固和推广改革成果的基本方法。

第二节　中国政治体制改革进程

一、中国政治体制的渊源

（一）中央人民政府的雏形

1949 年 9 月 21 日至 30 日，中国人民政治协商会议第一次全体会议在北京召开，通过了《中国人民政治协商会议共同纲领》和《中华人民共和国中央人民政府组织法》。在组建中央人民政府时，它的许多组织机构是以原华北人民政府的机构为基础的。华北人民政府是 1948 年 9 月 26 日合并晋察冀与晋冀鲁豫两个边区政府而成立的。这个政府成立时，解放战争还在继续进行，支援战

[①] 杨承训. 中国特色社会主义改革的机理和特点：兼谈对社会主义改革规律认识的来龙去脉 [J]. 毛泽东邓小平理论研究，2016（4）：8-15.

争是它的首要任务。它在短短的一年多时间里，就制定了施政方针、组织大纲、各部门组织规程、办事通则，以及民政、生产建设、文化教育、金融、工商、交通、财政、司法、公安、劳动、外事等方面的条例、规定、规则、规程、办法、决定、指示、命令、通令、通知、布告等具有法律效力的文件 170 多个。这个政府的工作是有成效的，它领导贯彻了华北临时人民代表大会的施政方针，掌握了支援前线、经济建设、整顿政风三个环节，在统一华北各区力量、保障人民生活、推进解放战争、培养干部、整顿教育和进行司法建设等方面，都尽了极大的努力，取得了相当的成绩。中央人民政府以它为雏形，应该说是有基础的，也是顺理成章的[①]。

（二）过渡性政治体制

从 1949 年 10 月 1 日宣布中央人民政府成立，到 1954 年 9 月通过《中华人民共和国宪法》，这五年是一个过渡阶段，实现了从临时到正式的过渡，无论是中央体制还是地方体制都涉及了。

1. 过渡性国家权力机关体制

根据《中国人民政治协商会议共同纲领》第十二条的规定："国家最高政权机关为全国人民代表大会。"但在新中国成立之初，进行普选的条件还不具备。原来曾设想召开全国临时人民代表会议产生中央人民政府，后决定经由政协第一届全体会议选举产生。地方国家权力机关是各界人民代表会议，地方各级人民政府的体制模式大体与中央相同，但地方各级人民政府采取委任方式组成[②]。

2. 过渡性行政管理体制

根据《中华人民共和国中央人民政府组织法》的规定，政务院是国家政务的最高执行机关，即最高国家行政机关。政务院最初设政治法律、财政经济、文化教育三个指导性委员会，分别联系和指导各部、会、院、署、行的工作，除此而外，尚设有秘书厅和国家行政监察的最高机关——人民监察委员会，总共为 35 个部门。1952 年下半年，为适应即将开始的有计划的经济建设，政务院逐渐增设了一些机构，至 1953 年年底，增加到 42 个部门，新设的国家计划委员会，直属中央人民政府委员会，如图 3-1、图 3-2 所示。

---

① 彭先兵 . 政治机会结构理论视域下社会组织的发展与依法治国的实现 [J]. 湖湘论坛, 2013, 26（6）: 101-107.

② 程竹汝 . 中国法治模式建构中的政治逻辑 [J]. 中共中央党校学报, 2016, 20（4）: 27-33.

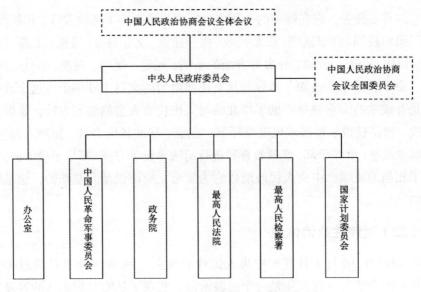

图 3-1　1953 年中央国家机构组织体系

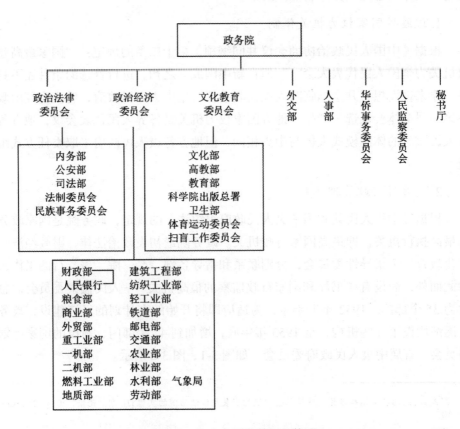

图 3-2　1953 年政务院组织体系

　　大行政区是新中国成立初期为实施军事管制和建立革命秩序而设立的，最初设立的是大行政区军政委员会，后在军事行动结束，土地改革彻底实现，革命秩序建立后，改为大行政区人民政府委员会，其机构设置大体与政务院的机构对口，为政务院领导地方政府工作的一级政府。在国民经济恢复工作提前完成，大规模的经济建设和文化建设开始时，中央人民政府需要加强集中统一的领导，因此，将大行政区人民政府委员会改为行政委员会，改变了原来属于一级政府的性质，其组织机构随之缩小，其主席及其他一些领导人，调北京加强和充实中央机构。1954 年 6 月 19 日，中央人民政府委员会第 32 次会议，决定撤销大行政区，同时撤销 4 个省和 11 个直辖市，减少了中央直接领导的省一级单位。这是行政管理层次上的一次重大调整。这样，地方各级人民政府主要分为省、县、乡三级，在大城市设区人民政府，其下的街道办事处为区政府的派出机构。省县之间，设专员公署，为省政府的派出机构；县乡之间，有一段时间设区人民政府，后改为县政府派出机构——区公所。全国行政管理体制逐渐形成，并积累了行政管理的初步经验。

　　这一时期在国家行政机构中，有一个引人注目的机构，即政务院单设的、地位相当于指导性委员会、高于一般部委的人民监察委员会。它在密切政府同群众的联系，监督政府机关及其所属单位和各种公务人员廉洁奉公、遵纪守法、恪尽职责、全心全意为人民服务等方面起了重要作用。

（三）过渡性司法体制

　　根据《中华人民政治协商会议共同纲领》和《中华人民共和国中央人民政府组织法》的规定，中华人民共和国成立时，在中央人民政府委员会下，建立了最高人民法院和最高人民检察署。

　　对于人民法院而言，国家审判权是其行使的主要权利，审判案件以《中国人民政治协商会议共同纲领》及人民政府颁布的法律、法令、决议、命令的规定为依据，无上述规定者则以政策为依据。省法院分院（庭），受其所在地区专员的指导（分院或分庭长由专员兼任）。各级人民法院设审判委员会，处理重要或疑难的刑、民事案件。分院（庭）的二审刑、民事判决为终审判决，不得上诉于省法院，但重大或疑难案件，应准许提起第三审。省人民法院在中央和大行政区司法部的领导下，掌管全区域的司法行政工作（省和省以下未设司法行政机关）。

　　对于人民检察署而言，国家检察权是其行使的主要权利，其设置与人民法院相对应。在尚未设立检察署的地区，有关刑事审判方面的职权，暂委托该地区公安机关执行，但其执行检察任务时，须受上级检察署的指导。各级人民检察署为同级人民政府的组成部分，同时受同级人民政府委员会的领导，省检察署分署受所在地区专员的指导（分署检察长由公安处长兼任）。

（四）党的领导体制

根据《中国人民政治协商会议共同纲领》第一条规定：中华人民共和国实行工人阶级领导的、以工农联盟为基础的、团结各民主阶级和国内各民族的人民民主专政。工人阶级的领导，是通过自己的政党——中国共产党实现的。各大行政区中央局的第一书记，一般同时担任军政委员会或人民政府委员会主席。

党中央的工作机构，除原有的组织、宣传、社会、统战、调查等部和工运、妇运、青工、纪检等委员会，以及办公厅、马列学院委员会、政策研究室、编译局、人民日报、新华社等单位外，1953 年，又成立了工业交通、农村工作、财贸和对外联络四部，开始出现与政府管理机构对口的机构，如图 3-3 所示。

在中央人民政府设立了党委，以保证行政任务的完成，负责管理内部党员干部的政治生活，教育党员干部保守秘密，提高觉悟，精通业务。在政务院设党组，其下设政法、财经、文教、监察等分党组，以及各部、会、院、署、行的党组小组，以加强党对政府的领导，统一并贯彻执行党中央的政治路线和方针政策。

各民主党派与共产党合作共事，除与共产党共同组成政协，发挥作用外，其代表人物在国家机构中也担任了各种重要职务。

这一时期，阶级斗争异常尖锐、激烈、复杂；法制尚处于初创阶段，很不健全；司法干部中，在根据地和解放区从事过人民司法工作的为数很少，大部分是经过短期训练走上工作岗位的青年知识分子和军队转业干部，还有一部分是旧司法机关的留闲人员，广大干部和群众对党的政策和新的法律还不熟悉。上述因素决定了司法人员（就其应有的素质而言）与司法工作（就当时司法工作的艰巨、复杂性而言）之间的差距。

当时主要的斗争方式不是大规模的、急风暴雨式的群众运动。为了防止偏差，在对人的处理上，涉及逮捕、判刑，尤其是死刑案件，规定须由相当一级的党委审批，其中重大案件，须报经党中央批准。

当时的各级党委，集中了一批政治素质、政策水平、工作能力、领导水平较高和在党内外最有威信的党员领导干部。对事关人的自由和生命这样重大的问题，经过党委审批，在当时不失为审慎之举。

当时，在一些政治运动中，采取在党委领导下，中央政法五机关（政法委员会、最高人民法院、最高人民检察署、政务院司法部和法制委员会）合署办公的组织形式，也是适应当时的形势需要的。

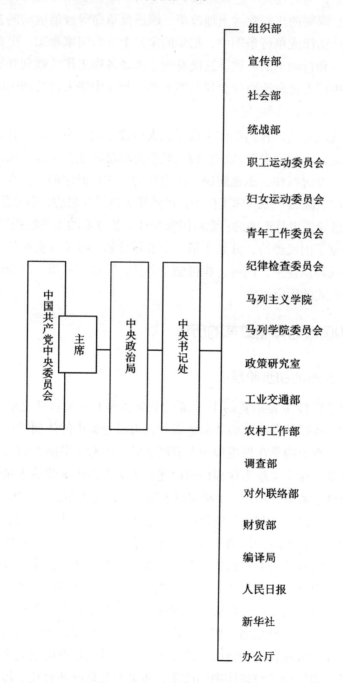

图 3-3　1953 年党中央工作机构

这一时期，对党如何实现对国家的领导问题，在体制上，还在不断地摸索，虽然总的说来，当时还处于过渡阶段，但党的一些主要领导人对这一问题的认识是正确的、深刻的。如党对土地改革、镇压反革命等政治运动的方针政策，都及时体现在法律或单行条例中，把党的主张上升为国家意志，更有力地求得思想上的统一和行动上的一致。这既有利于推动各项工作的顺利开展，又使党的领导与《中国人民政治协商会议共同纲领》和《中华人民共和国中央人民政府组织法》的规定相协调一致。

新中国成立初期，我们党作为世界上人口最多的一个大国的执政党，是朝气蓬勃、奋发向上的；党对从农村转入城市的环境改变和工作方法转变中出现的一些问题，及时抓住，迅速解决，因而党的机体是健康的；党在各项政治运动中，在一些地区和一些具体工作中，虽然发生过错误思想，但都能及时发现、及时纠正，指导思想是正确的；党对国家和社会各方面的事务的指导是精心的，因而迅速恢复了国民经济，开始了第一个五年计划，提出并贯彻执行党在过渡时期的总路线和总任务，同时，积极创造条件，筹备召开第一届全国人民代表大会，组建正式的国家机构。

二、中国政治体制改革的历程

（一）改革的初步阶段

初步改革阶段主要指党的十一届三中全会到十三大召开之前，这一阶段我国传统政治体制带有浓厚的革命色彩和权力过分集中的体制特征。针对这种体制弊端，最重要的是在思想理论上有所突破。以邓小平同志的《党和国家领导制度的改革》这篇文章为代表性的论述，矛头直指传统政治体制弊端的总病根——权力过分集中，并着眼于从制度上防止"文化大革命"的历史悲剧重演，堪称新时期我国政治体制改革的最高认识水平。随后，邓小平同志在一系列讲话和文章中，对我国政治体制改革的目标、内容、途径、地位和作用等做了较全面的阐述。随着理论上和思想上对政治体制改革的大胆探索，我们在实践上也做了一些有力度的调整和初步改革，如废除人民公社制建立乡镇体制，建立过渡性质的中央顾问委员会以废除领导职务的终身制，重新设立中央书记处，取消中央主席职务改设总书记职务，恢复党的各级纪律检查委员会，并取得了初步成效。在该阶段，由于我国改革发展的主要目标是解决绝大多数人民群众的温饱问题，即集中于经济体制的改革，还来不及系统地对政治体制改革做出全面的设计和规划，政治体制改革还没有作为独立的任务提出来。

（二）以消除权力过分集中为目标的改革阶段

这一改革阶段指党的十三大到 1989 年 6 月前。随着中国经济体制改革的深入，政治体制已越来越与之不相适应，邓小平同志多次指出：不搞政治体制改革，经济体制改革也搞不通，已取得的成果也不能巩固；政治体制改革必须与经济体制改革相互协调、相互配合。1987 年党的十三大在总结以往改革经验和教训的基础上，规划了政治体制改革的蓝图，把政治体制改革作为独立而紧迫的任务提上了议事日程，并提出改革的重点是权力过分集中，特别是个人高度集权的体制，由此步入了有目标、有步骤的全面配套改革阶段。这一时期政治体制改革在党的领导下有步骤、有秩序地进行，主要在党政分开、中央和地方的关系、干部人事制度等方面做了有力度的调整和改革。

（三）改革的停滞阶段

改革停滞阶段，指的是 1989 年 6 月到 1992 年初。20 世纪 80 年代末 90 年代初，国内的政治风波和国际上的东欧剧变，对我国改革产生重大的影响和冲击，这段时期政治体制与经济体制改革皆陷入停滞阶段，我国改革事业面临着严峻的考验。

（四）以坚持和完善优势为前提的改革阶段

这一阶段，指邓小平南方视察讲话到 2002 年。在中国改革何去何从的关键时刻，邓小平同志于 1992 年春到南方视察并发表重要谈话，拨开了罩在中国改革上的层层迷雾，冲破了难以想象的"左"的压力和干扰，将中国改革的历史车轮推向了一个新的历史时期。以南方视察谈话为标志，我国经济体制改革明确了建立和完善社会主义市场经济体制的目标取向，进入深层次改革阶段。这一时期我国政治体制改革变得较为谨慎，在改革战略上做了较大调整，主张坚持和完善人民代表大会制度，坚持和完善共产党领导的多党合作和政治协商制度，加强法制建设和基层民主建设，并提出了依法治国的方略等。

（五）改革的改进完善阶段

从 2002 年党的十六大召开至今为改革的改进完善阶段。在中国共产党的领导下，经过 40 多年来的探索和改革，我国政治体制正在从传统的集权模式向适应社会主义市场经济发展要求的民主模式过渡，并取得了巨大的成就 [1]：

---

[1]　陶林.当代中国政治发展的动力机制探析 [J].党政研究，2019（1）：77-85.

人民代表大会制度进一步完善，其地位和职能得到强化；党的执政方式发生变化，提出了依法治国的方略，实行党政分开，党政关系进一步规范；健全了民族区域自治制度，开创了"一国两制"下的特别行政区制度；城乡基层民主建设广泛展开，推广了企业职代会制度，创立了村民委员会制度，健全了城市居民委员会制度；推进政府机构改革①；实行公务员制度；进行干部人事制度改革；进一步完善多党合作制度；等等。尤其是经过 40 多年的改革，我国民众的政治思想观念发生了巨大的变化，民主意识、法治观念、独立自主精神得到强化，解放思想、实事求是的思想路线深入人心。

三、法制建设与政治体制改革的关系

对法制，人们历来都是从不同意义、不同角度去理解和运用的。但概括起来，主要包括内容统一、密切联系的四个方面：其一，从静态上说，法制是指国家各个领域、各个层次的法律和制度。其二，从动态上说，法制是指国家和社会生活的各个方面都严格依法办事。其三，从广义上说，一个国家只要有法律和制度，就是有法制，那么，从地球上有了国家，便有了性质、内容、完备程度和实施情况各不相同的法制，没有法律和制度，是不可能有国家的。所以法制同国家是联系在一起的。其四，从狭义上说，法制和法治同义，即把国家和社会事务的管理法律化、制度化，一切依法而行②。这是资产阶级革命的一大发明创造。资产阶级孕育和产生于封建社会，在君主专制制度下，有法律、有制度，但一则极不合理，二则有名无实，常常被破坏，为随心所欲的人治所代替。这是人格化了的资本——资产阶级的本性所不能容忍的。他们选中了法治这种方法，即国家和社会事务如何管理，官与民的权力、权利和义务，尤其是对民主政治权利、财产私有权利和人身、人格尊严权利等如何保护，都通过民主的途径，充分酝酿和讨论，通过民意机关按照严格的程序，郑重其事地上升为宪法和法律，予以公布，让社会全体成员都知道，成为社会全体成员共同遵守的行为规范。没有任何个人居于宪法和法律之上③。不论是皇帝、国王还是总统、首相，也不论是大臣、部长还是一般公民，在法律面前人人平等。任何人的合法权利和合法行为，都受到法律的保护，任何人不履行其义务和违法犯罪，都受到法律的制裁。这是法制本身合乎规律的必然结果。

---

① 范会勋. 以制度建设深化中国政治体制改革 [J]. 求实，2014（5）：63-67.

② 张伟军. 改革开放以来中国政治发展的逻辑理路研究 [J]. 中共山西省委党校学报，2018，41（5）：3-7.

③ 刘星安. 对中国政治体制改革的思考 [J]. 学理论，2014（28）：53-54.

（一）政治体制与法制的内在联系

不少学者在论述政治体制时，都把法制作为一个重要方面，就是说，法律和制度是政治体制的一个组成部分。这无疑是正确的。一般说来，这样的论述方法，有醒目、集中的优点。但是，如果深究下去，寻找二者的内在联系，就会发现，二者是融为一体的。因为，在现代政治生活领域中的任何制度，都应该是依法制定的制度。所以，我们有理由说，法制贯穿在政治体制的各个方面、各个层次、各个环节上。政治体制的静态组成、动态运转、成效保障，都离不开法制，对现代政治体制，特别是我们这样的社会主义国家的民主政治体制来说，尤其是这样。

（二）政治体制和法制在改革中的相互作用

政治体制改革是自我完善的过程，政治体制改革必然给法制建设提出一系列新的任务，尤其是在法制本不健全的国家，这一任务就显得更为突出和迫切。一方面要对已有的法律、制度进行补充、修改；另一方面，要根据改革的需要超前或同步地制定一批新的法律，建立一些新的制度。现代政治体制，尤其是社会主义政治体制，区别于以前的政治体制的显著特点之一就在于它是民主的，而保证民主性的最有利的条件，又在于它是法治的。

从某种意义上说，政治体制之所以需要改革，就因为它有与法制相悖之处或没有完全纳入法制的轨道，以致产生种种弊端。一定阶段的目标实现了，还要继续根据社会发展的需要进行新的改革，才能使政治体制和法制在不断完善的过程中始终保持活力。除此之外，法制对于政治体制还可以起到一种保障作用，这也是由法制本身的特点决定的。这种作用在政治体制改革中表现得尤为明显。

1. 法制能够保障政治体制改革的重大决策稳妥实施

政治体制改革要慎重、稳妥地进行，不然很容易引起混乱，带来不应有的损失，这是历史和现实中的一条最重要的经验教训[①]。保证政治体制改革的重大决策慎重、稳妥地实施，最佳的途径和方式只有一个，那就是决策方案，不论是执政党提出的，还是国家有关机关提出的，或者是其他社会组织和公民提出的，只要是事关全局的重大决策方案，都应经过充分的民主协商，严格地按照法定程序，上升为国家意志，以法律的形式明令公布。这样，才能有效地避免决策失误，并使重大决策具有合法性和权威性。

---

① 房宁. 中国政治改革的历程与逻辑 [J]. 经济导刊，2019（1）：36-43.

2. 法制能够保障改革坚决、审慎、有序地进行

改革措施上升为国家意志后，它本身就有了法律的普遍约束力、法律的规范作用；能有效地统一人们的思想和行动，从而有力地推动改革在宪法和法律的范围内有条不紊地进行。

3. 法制能够保障人民参与改革的民主权利

政治体制改革的内容，广泛而直接地牵涉人民的利益。它的每一重大措施，在社会各阶层中都会有强烈的反响。在表达意见方面，绝大多数人能够通过正常、合法的渠道陈述己见，极少数人则会采取一些非法的极端方式。在这种情况下，敌对分子、反社会分子以至刑事犯罪分子，也会蠢动起来，乘机进行捣乱、破坏。解决的最佳手段是法律。用法律保证人民有说话的权利，使人民的意见有充分表达的机会、有畅通的渠道，而对极少数敌对分子，以及触犯刑律的分子，则按照法定程序逮捕、审判、惩处，这样罪与非罪分明，才能有力地保障人民参与政治体制改革的民主权利，使改革顺利进行。

4. 法制能够保障改革的成果

用法律手段保障改革的成果，即跟踪改革的进程，把新的、成熟的经验及时用法律形式加以肯定以便于推行；改革实现一定阶段的目标后，全面地以法律的形式巩固成果，使那些被实践证明的、行之有效的体制，不再被轻易否定，以保持其相对的稳定性，用法律手段保障改革的成果不受侵犯。

第四章 法制建设之经济体制

社会经济的发展，是人类生存和发展的基础，经济基础是决定上层建筑的主要力量。经济体制是一定的社会基本制度结合在一起的资源配置手段。在进行经济体制建设的同时，要重视法制建设，实行依法治国的方略。本章分为法制建设与经济体制实践效应、法制建设与社会主义市场经济两部分。主要包括：经济体制述说、计划经济体制下的法制建设实践等内容。

第一节 法制建设与经济体制实践效应

一、经济体制述说

经济体制是一定生产关系的外在表现形式，经济体制虽然与基本经济制度有着紧密联系，但又具有相对独立性。一般认为，经济体制是指在一定区域内（通常为一个国家）制定并推行经济政策的各种机制的总和，是一定经济制度下国家组织生产、分配、交换和消费的具体模式。社会的经济关系，即参与经济活动的各个方面、各个单位、各个人的地位和他们之间的利益关系，也会通过经济体制表现和反映出来。总之，它是由一定国家的政府依据自身国情和经济发展的需要所制定的有关经济规程和各种机制的总和。经济体制影响经济的决策模式、干预模式、运行模式和激励模式。简言之，经济体制就是资源配置的具体方式和经济运行模式。

过去人们长期把市场经济和计划经济等同于资本主义和社会主义，没有把经济体制与基本经济制度在理论上加以区分。这种观念影响着人们对经济体制改革的认识，影响着对"计划与市场"的关系问题的思考和研究。

由于"计划和市场都是手段"，对这些属于经济体制范畴的问题进行调整，并不影响社会的基本性质。这样，一个国家的经济体制，在一定的基本经济制度的基础上，不仅有了进行改革和调整的客观依据，还有了现实可能性。

（一）计划经济体制

在西方市场经济体制发展期间，无产阶级的革命导师马克思历经 40 年，写就了《资本论》，研究资本主义生产方式以及与它相适应的生产关系和交换关系，并详细研究和阐明了其中的运行机制。在这里，马克思研究了资本主义条件下的商品、货币，确立了劳动价值理论和剩余价值理论，得出了资本主义积累的趋势——财富的积累和贫困的积累，并找到经济剥削的原因，提出了社会各经济部门有计划按比例发展的思想。依据马克思和列宁的经济学理论，无产阶级首先取得政权的苏联，由列宁和斯大林创造性地进行了计划经济体制的实践。其后，中国和东欧等地的无产阶级取得政权的国家也进行了计划经济体制的实践。人类历史上出现了社会主义计划经济这种社会经济模式。从经济体制的角度讲，这是一种完整意义的计划经济体制。

社会主义计划经济体制是社会主义基本经济制度与计划体制机制的结合体。只要我们从理论上（思维中）把"计划经济体制"作为相当独立的东西分离出来，就可以认识和概括"计划经济体制"的基本内涵与特征。

计划经济体制是对生产、资源分配以及产品消费事先进行计划的体制，国家的生产、资源分配以及产品消费各方面，都由政府进行计划，以计划作为资源配置的主要方式。

如果仅从计划经济体制的计划性内核上看，由马克思提出的社会主义计划经济，也可以包括像德国、日本等国在一个阶段内实行的带有国家资本主义色彩的计划经济。

1. 计划经济体制的优势

（1）自觉控制，稳定发展

计划经济里的经济活动都是由政府预先设计好的，可确保所有资源都能持续运用，经济活动一直受到控制，不会受到经济周期波动的影响，这样计划经济体制下的企业不会停产，工人不会失业。

（2）倾斜优先，发展快速

第二次世界大战之后的德国、日本，都实行了计划经济体制，运行一段时间后经济得到了快速发展，一跃成为工业强国。我国在实行计划经济以后，优先发展工业，向教育体系倾斜发展，在摆脱群体文盲的基础上，初步实现了工业化。

政府在计划经济体制下，会对教育、交通、医疗等行业倾斜发展，重点发展这些行业能使国家的经济实现短期内的飞跃。成昆铁路的修建造价是全国总人口的半年口粮，虽没有直接的利润收益，但是带动了整个西南地区的经济发展，这些都是计划经济倾斜发展的优势。

从宏观角度，国家很容易通过计划经济发展规模经济，因而苏联短时期内成为超级大国，日本战后致力经济发展成为经济超级大国。

（3）注重公共利益和社会福利

计划经济往往伴随着高福利，如教育、医疗、交通、养老的免费制度。凡是实行计划经济的国家，其公共福利水平都是较高的，但具体福利水平取决于政府实行计划经济的成功程度。

2. 计划经济体制的弊端

资源无法对微观实行有效分配，随之就会出现短缺现象，短缺通常会引发黑市的产生，而黑市则会对国家的计划经济造成极大危害。政府是计划经济体制下的一把手，政府的行政权力支撑着整个社会的运转。

计划经济体制下的企业完全没有自主性，企业生产什么产品，生产产品的数量、价格，产品的销路等都由政府部门统一计划安排，企业不能对生产和经营指手画脚，只能乖乖听任指挥。

计划经济下的个人劳动者的工作岗位、报酬和待遇都由政府相关机构统一计划和安排，个人没有选择的机会。还有社会家庭的生活必需品也要凭借粮票、米票、油票等取得，单位可以为职工提供住房，单位职工子女可以接班就业，这些都由政府相关主管机构安排。在这样的计划和安排下，企业之间没有了竞争，人们的工作积极性不高，自然效率就低下，整个社会都缺乏了竞争意识。

3. 社会主义计划经济体制的实践

社会主义计划经济体制下政府能对社会生产、资源分配等方面进行统一的计划和安排，社会经济活动都是在政府指令下进行的。过去计划经济是被作为社会主义制度的本质特征看待的，是社会主义经济理论中的一个基本原理。

新中国在成立后的十几年时间里，吸取苏联计划经济体制的经验，结合中国的实际情况实行计划经济体制，奠定了工业化基础。中华人民共和国成立初期，大致分三个阶段逐步走上了计划经济体制的轨道：萌芽阶段—初步形成阶段—基本形成阶段。前两个阶段发展到 1952 年，中国社会经济已经初步稳定，度过了财政枯竭、通货膨胀的经济困难时期。第三个阶段（1952 年 9 月—1956 年 12 月），是计划经济体制的基本形成阶段。此时的中国实现了公有制的经济目标，开始实行"一五"计划，并于 1956 年年底提前完成了"一五"计划中预定的大部分指标。

中华人民共和国在成立 30 年时，因践行计划经济体制取得了辉煌的经济成就：完成了包括公路、铁路等基础设施建设，如兰州新线；工业方面从"一穷二白"开始，到建成基本完善的工业体系，特别是重工业和尖端科技工业；在水利建设方面，完成了主要大江大河的治理工作。

中华人民共和国成立初期，我国还有一些城市失业人口、游民、需要救助的孤老残幼人员以及遭受灾荒侵袭的农民，在政府计划经济体制的安排下，人民的基本温饱问题得到解决。

4. 社会主义计划经济体制实施中的主要问题

从实施的结果来看，计划经济体制的问题是明显的。

第一，把企业（生产者）置于行政部门附属物的地位，每个企业都由各自的行政主管部门管理。中央企业由各工业部直接管理；地方企业由重工业局、轻工局、二轻局、水电局等政府部门管理。生产什么、生产多少、什么时候交货、什么价格出售，全部都由政府的"计划"确定，企业既不能自主经营，又不能自负盈亏。这样使企业处于政府的控制之下，限制了企业在市场中的主体地位。

第二，企业职工也是被政府"计划"的。个人作为劳动者，在什么工作岗位上就业和担任什么工作，都由劳动人事机构按计划安排。劳动者成为计划的物化对象，而不是可以在竞争中发挥创造性的创新主体。计划经济体制极大地束缚了人的创造性和积极性。

第三，政府计划者制订的每个计划一般都以过去的"计划"作为蓝本。这样，不少计划的产品都是过去生产产品的简单重复，特别当某些掌握计划权力的官员在上面待久后，难免会脱离实际，以至于计划的"产品"和竞争产品相比，创新性总是落后。

第四，由于在计划经济体制下，所有经济活动都是计划的，因此企业职工的收入分配也是计划的。人们无法通过"劳动"获得与劳动有因果关系的报酬，社会分配领域的"大锅饭"总与计划经济体制相伴。劳动生产效率低下和社会成员的积极性、主动性和创造性不高总是计划经济体制的负面形象。

第五，在计划经济体制下，劳动报酬总体较低，劳动者的消费欲望受到了限制，人的劳动积极性受到了制约，导致劳动生产率不高。计划者总以生产企业的生产水平作为计划基础，用静止和僵化的思维进行计划操作，结果计划经济体制下存在着普遍的、长期的和严重的消费品短缺现象。

完全的计划经济体制在运行中日益凸显的弊病，使社会主义国家的经济体制改革势在必行。

（二）市场经济体制

随着资本主义商品经济的发展和生产社会化程度的提高，经济运行逐步由市场机制来调节。生产经营者直接参与越来越激烈的市场竞争并在市场竞争中进行社会资源的配置，从而形成了市场经济体制。

1. 市场经济的基本特征

基于市场经济概念的形成过程，市场经济具有以下基本特征：①能够推动生产要素的流动，促进市场经济资源合理配置；②市场经济中的企业是市场主体，他们可以自主进行产品的经营、销售，并自负盈亏；③市场经济中的政府的功能是调节经济运行但不能直接干预企业的生产和经营；④企业自主经营受到国家法律法规的约束。

2. 市场经济体制的核心内涵

典型和完整意义上的市场经济体制具有如下核心内涵：第一，竞争是经济活动的基本形式，通过竞争实现资源的市场化配置；第二，"追求利润最大化"是核心驱动力；第三，拥有"自由经营"的外部条件是诉求；第四，经济活动是国际化的。

3. 市场经济体制的优势

市场经济作为一种运行形式，在竞争主体初始条件相对均衡、行业垄断不太突出、贫富差距不太明显、市场供给总体不足（供不应求）的历史阶段内，通过自身的机制，包括供求机制、价格机制和竞争机制，形成一种自动的市场调节力量。一般认为其主要优势体现在以下几个方面。

（1）利益驱动功能

从竞争者的内在驱动力上看，实现竞争者利益最大化是市场经济体制中竞争者参与市场竞争的核心驱动力，这种驱动力以自己的或自己单位的利益最大化为目标，使人的主动性、积极性、创造性在无外力的干预下，不分时间、不分地点地得到了空前的调动。特别是竞争极大地激发了生产者的创新激情，生产者以空前的速度和效率向市场提供充足且更好的商品，让市场经济体制名副其实地获得了"创新工厂"的美誉。

（2）资源分配功能

通过市场竞争，市场机制在优胜劣汰中配置社会资源，进而导致资源在竞争中流动，推动资源在各部门间实现比较合理的配置。

（3）推进技术进步与降低消耗功能

这是在经济快速发展的过程中，市场经济体制在微观方面显示的优势。在市场垄断不太严重，各竞争主体的"起跑线"比较接近的经济发展阶段内，竞争者的优势体现在竞争产品的质量、设计技术、成本消耗等方面。结果，竞争一定会推动各部门、各行业、各企业从内部切实采取有力措施，改进技术，加强管理，节省社会资源，降低生产消耗。

4.市场经济体制的局限性和弊端

工业革命以来，尤其是近几十年以来，科学技术高速发展，劳动生产效率快速提高，社会经济态势发生了如下本质性变化。首先，社会产能过剩成为新常态，从消费和生产上看，整体呈现"供大于求"；其次，行业垄断或者说垄断已经在更广泛的领域内出现；最后，贫富差距、地区差距不断扩大。所有这一切变化，都动摇了市场经济体制发挥优势的基础。市场经济体制的问题和弊端有如下几个方面。

（1）市场竞争者少数化

"我是市场经济体制中的竞争者吗？"这个问题其实和在农耕时代"我有耕种的土地吗？"一样重要。在农耕时代，很多人也种田，但他们没有自己的土地，耕种的是地主的土地，因此无法充分调动起农民的积极性，于是才有"耕者有其田"的土地革命。

当我们来到市场竞争年代，我们是否为市场的竞争者同样意味着我们是否拥有自己应有的地位和身份。很多人认为，我们虽然是打工者，但也是竞争者，因为我们在单位内和别人竞争。这里，对竞争者的定义是有误解的。拿体育比赛来说，体育比赛的运动员才算竞争者，因为只有运动员才可以参加比赛，获取名次，而其中为运动员服务的人员充其量是一个比赛参与者。

市场经济体制中的竞争者是指那些通过自己的努力可以影响竞争标的物和竞争结果的人。这其中至少有如下三个基本要素：其一，具备竞争者资格，没有资格无法入场；其二，能在竞争目标上"自主"，即自主性要求——在竞争过程中，竞争者能充分自主地表现自身的能力，能自主地实施竞争行为，影响竞争结果；其三，能分享竞争结果，即竞争结果出来后，成功的利益、失败的损失直接与竞争者挂钩。

市场经济体制是以竞争配置资源的经济体制，多数劳动者理应成为竞争者，也只有多数劳动者都成为竞争者，市场经济体制才能发挥优势。但通过长期的竞争结局积累，少数企业不断在竞争胜利的结局中淘汰其他企业而成为行业的准垄断者，成为真正符合竞争者条件的少数人。在行业趋于垄断的过程中，企业的竞争决策、竞争组织、竞争分配也越来越远离多数的劳动者，进而使多数劳动者无法自由参与竞争，无法自主进行竞争，也无资格直接参与竞争结果的分配，沦陷为"打工者"。当竞争积累达到行业完全垄断时，垄断者也将失去竞争者的资格，使竞争者彻底消失。显然，在以竞争为基础的经济体制中，多数劳动者不能真正成为竞争者，就相当于农耕体制下农民没有自己的耕地。因此，让多数劳动者成为竞争体制中的竞争者也相当于一次让"耕者有其田"的"土地革命"。

（2）供需失衡和产能过剩

供需失衡和产能过剩，不仅是由市场经济体制竞争盲目性造成的，还源于市场经济体制分配严重不均衡导致中产阶层消费潜力被削弱，以及生产力提高后，社会消费品的生产能力远远超过消费需要。

（3）贫富差距、地区差距扩大

由于市场竞争导致失败者处于新一轮竞争的劣势，而成功者则积累出新一轮竞争的优势。每一轮竞争胜利者总是少数，失败者、被淘汰者往往是多数。其结果是，胜利者凭借优势在不断将社会财富装进自己口袋的同时，也将各个行业推向垄断和准垄断，又在推进中将社会财富集中到了少数极富阶层（阶级），而将竞争中的多数人推向失败人群和失业人群。有人说，贫富差距扩大不是市场经济体制的弊端，理由是发达国家、发达地区的贫富差距相比欠发达地区小。殊不知，这是发达国家和发达地区把贫穷人口这个"分母"输出到欠发达国家和欠发达地区的结果。

贫富差距扩大，导致社会成员占有资源的差距扩大，也导致市场不公平程度的扩大。市场竞争越来越像是一场由小孩、老人、运动员一起进行的万米赛跑，无论"比赛"过程如何"公平"，本质上都不可能再有真正意义上的"公平"。

通常情况下，发展中国家都会有历史遗留下来的地区差距。这个差距应该缩小才符合社会发展的需要，但市场经济体制下自由竞争一定在"好"结果和"坏"结果的竞争积累中扩大地区发展差距。

（4）就业问题解决难度加大

在市场经济体制下，解决城市劳动力就业问题会越来越困难。一方面，社会生产力的提高，使得人们有能力用一天的工作时间生产出几天需要的消费品，有机会更多地使用自动化机械或机器人生产，这意味着完全自由的市场经济体制将带来更多的失业者。另一方面，贫富差距的扩大，又造就了富人没处消费、穷人没钱消费、中间层不敢消费的消费困局，不断压缩提供就业机会的市场。世界上很多发展中国家，人力资源十分丰富，但由于现行市场经济体制的缺陷，相当多的劳动者不能充分就业，特别是不能就近就业。

（5）资源破坏与环境恶化影响可持续发展

生态平衡、环境净化、资源保护是现代化建设的基本要求。由于盲目生产、恶性竞争，世界上不少发展中国家存在生态失衡、环境恶化、资源利用不可持续的严重问题。市场经济体制完全无计划地开发，给人类生存的地球带来了严重的发展危机。

自 19 世纪末以来的百年间，全球平均气温上升了 0.3 ℃～ 0.6 ℃，全球平均海平面上升 10 ～ 25 厘米。今后大气中二氧化碳每增加 1 倍，全球平均气温就上升 1.5 ℃～ 4.5 ℃，有可能将格陵兰岛的冰盖彻底融化而使海洋的水平面上升 7 米左右，淹没沿海许多大城市。这种无计划无节制的获取严重威胁着人类的可持续发展。

（6）物质产品和健康的精神产品供给严重失衡

由于市场经济体制竞争的"利己"性在很多情况下影响了正确价值观的建立，结果，人们的物质生活改善和提高了，但信仰没有了，方向找不到了；挣钱的机会多了，但挣钱的手段失去了做人的底线；普通物质产品供给丰富了，但积极向上的精神产品少了。

（7）市场经济体制赖以生存的"看不见的手"正在失灵

英国经济学家亚当·斯密认为在市场经济中有一只"看不见的手"，它在经济运行的幕后组织管理着经济。这只"看不见的手"对经济问题的处理既及时又到位。所以，社会经济根本就不需要"看得见的手"，不需要由国家和政府来调节管理。政府只需要充当"守夜人"的角色就可以了。

按照亚当·斯密的学说，在社会经济生活中，每个人都得接受利益机制的制约，都会在利益多少的选择中不断地寻找最佳出路。亚当·斯密认为，如果某一部门投资太多，利润降低会纠正这种错误的分配，这就是市场机制理论的核心描述。

但还有很多时候这只"看不见的手"只会帮倒忙，或者说这只"看不见的手"根本不会起作用，比如以下情形：

第一，生产要素的所有者要转移投资方向并不是想转移就转移，而是需要成本的。当转移成本高于价格变动带来的利益时，这只"看不见的手"就不会去完成价格规律所给予的任务。

第二，生产要素的所有者要转移投资方向还需要技术、设备、生产条件的支持和配合，这样转移产品的生产才能实现。而事实上，很多有特点的产品的生产需要不同的设备和技术，不是生产者想生产就能生产出来的，特别当有供不应求的产品出现时，其生产肯定有独特之处。

第三，生产要素的所有者要转移投资方向，还要具备转移产品的生产所需要的原材料、设备的可持续供应。而在现实中，这些都不确定。

市场经济体制中那只"看不见的手"往往会成为浪费之手，当市场经济中企业生产的产品数量大于人们的消费需求量时，产品的价格、企业的利润都会下降，在这种状态持续一段时间后，企业没有利润可得甚至会出现亏损，严重的会导致企业破产并退出这个领域。这样就会导致企业产品滞销、工厂破产、银行倒闭、工人失业。

大量的实践不支持市场经济"看不见的手"的理论，特别是在以下情况出现时：

第一，当市场普遍呈现产能过剩、供过于求状况时。在产能严重过剩的条件下，市场一旦出现有商品供不应求，市场那只"看不见的手"并不会将价格提高后静止地等待"劳动者和商人"去增加投资，而是招来一批竞争者进行"价格战"，又有一批竞争者成为"烈士"。如果竞争者由于暂时的优势而供不应求时，"看不见的手"所支配的行为也并不是把这个市场公平地开放给其他竞争者，而是试图利用自己的优势将其他竞争者排斥在外，从而达到垄断这个市场的目的。显然这只"看不见的手"所形成的市场机制很多时候会推动市场配置垄断化和不合理化。

第二，当行业趋于垄断、准垄断时。世界经过几百年的市场经济竞争，差不多每个行业都已经被少数企业垄断和准垄断。而行业一旦被垄断和准垄断，所有由"看不见的手"调节的经济活动，都有可能被垄断者操纵，企业的经济活动合理性和均衡性便无从谈起。

第三，当贫富差距过大时。在世界范围内，贫富差距过大导致的对市场不利的最直接后果是市场经济发展所依赖的消费市场萎缩了：贫穷的人有需求没有钱购买，富有的人现有消费品都有了根本就不需要购买，而中间者则在对前景的怀疑中不敢购买。这几种情况汇总起来，就是市场经济赖以发展的"市场蛋糕"不仅不能增大反而有可能缩小。亚当·斯密当年发现的那只"看不见的手"在贫富差距扩大面前，不是缩小差距的推手，而是扩大差距的推手。

（三）经济体制的实践与演变

计划经济体制、市场经济体制在实践中都暴露出了各自的问题。计划经济体制把生产者当成政府的一部机器，把消费者当成生产者提供什么产品就消费什么产品的使用者，不仅剥夺了各方的自主性，也束缚了各方的创造力。而在生产资料私有制基础上的市场经济体制，在过度自由的竞争中，导致贫富差距扩大、垄断加剧、产能过剩等问题不断凸显。总之，越来越多的人已经感觉到，现在经济中发生的各种深层次问题，病源都指向经济体制。

"完全竞争的市场经济体制"亦即"完整和纯粹意义上的市场经济体制"，完全排斥商品——市场经济的完全的计划经济体制，在当今世界上已经不复存在。实际上，各国都在总结经济体制的经验和教训，也都进行了改革尝试，已经出现了由市场与计划这两类基本经济体制的不同组合而形成的多种各具特色的具体经济体制模式。

1. 西方市场经济体制的几种模式

世界多数较发达的西方国家，实行的是以私有制为基础的市场经济体制。到了近现代，这些国家的市场经济体制暴露出了固有的问题。由此，许多国家进行了市场经济体制模式的改革，形成了一些具有特色的市场经济体制。

在西方市场经济体制下实行的是国家干预和市场调节相结合的国家政策，在这样的政策指导下，西方国家的市场经济体系得到了充分的发展，现代经济体制优化的趋势就是计划经济和市场经济相结合。西方发达国家在处理"政府与市场""计划与市场"的关系问题时，通过各自不同的组合已经形成了各具特色的经济体制模式。其中，有代表性的市场经济模式有以下几类。

（1）美国自由市场经济模式

美国作为经济强国，在最初的市场经济模式中十分重视企业在经济活动中的自主权利，政府很少参与企业的生产经营活动，因此美国的市场经济模式被称为自由市场经济模式。其运行特征主要有以下几点。

①企业享有比较充分的自主权。美国市场经济体制下的企业，在完备的法律法规基础上完全自由地生产经营。

②注意保护市场公平。由于企业有自主的权利，美国经济市场中就有竞争机制，美国政府的角色就是通过立法来不断保护企业间的公平竞争，也确保市场的公平性，为企业提供真实可靠的市场信息。

③政府进行宏观调控。美国政府会在法律法规的基础上对市场经济进行财政和货币方面的政策保障，根据市场需求调整供求态势。相对而言，美国政府的宏观调控手段不那么强调具体的直接措施，而注重经济立法。

④高透明度的经济体制内部关系。在美国自由市场经济模式下，美国政府和企业都有各自的法律规定的地位，政府通过法律行为对市场和企业进行宏观干预和调节，通过立法来贯彻执行，具有较高的公开透明性。

美国的自由市场经济模式概括起来是企业充分自由自主，经济法制完备，政府宏观调控手段偏重于财政政策与货币政策。当然，美国这种自由市场经济模式并不能复制到欠发达国家，原因在于技术处于领先地位的美国企业不会担忧在充分自由的竞争中被外国企业占领主导地位，而欠发达国家一旦强调竞争自由，很可能不久就成为发达国家的经济殖民地。

美国的自由市场经济模式在有利于优秀企业发展的同时，也同样无法克服贫富差距扩大、两极分化、产能过剩等市场经济体制的顽症。

（2）德国社会市场经济模式

德国崇尚的是"国家控制"与"市场经济"并存的"二元体制"，对市场经济实行宏观控制——既反对自由放任，也反对统紧管死，为实现"社会公正"，通过国家的有限干预，将个人自由创造和社会进步的原则结合起来。德国经济学家路德维希·艾哈德把社会市场经济模式概括为自由和秩序的体制。其经济运行的主要特征有以下几点。

①政府的首要职责就是保证企业之间的自由竞争，限制市场经济垄断。尽管市场竞争能够推动社会经济的发展，但是还要用政府行为限制垄断，防止企业间的"不道德竞争"，保障社会市场机制的有效运行。在这样的职责基础上，德国政府就要建立和维护合理的市场竞争秩序，还要消除妨碍市场机制有效运行的因素，从而保持德国企业在市场竞争中的自主性。

②宏观调控的核心目标是实现稳定与均衡。这种体制以价格稳定、货币稳定、增长稳定以及收入稳定为宏观调控的核心目标。德国政府为实现此目标采取一些政策手段，充分保证企业之间的有效市场竞争，稳定社会经济环境，保

障经济稳定发展，进而稳定物价、货币。

③建立比较发达的社会保障制度。德国经济高效率发展的背后是德国公平的社会保障制度，其通过法律法规保障工人的就业和收入，同时也鼓励企业员工积极参与企业的生产经营。德国有各种完备、高水平的保险体系以及各种社会福利。

④透明度很高的体制关系。德国法律通过各种立法建立和维护有序的、合理的和公平的竞争秩序。

德国社会市场经济模式通过增加体制关系的透明度，通过制度政策、稳定政策和社会政策等宏观调控手段，维护市场的公平公开竞争，特别在兼顾社会公平方面的努力，在一定程度上限制了贫富差距扩大的速度。德国的中小型企业在世界上是发展得较好的，其经营绩效在欧盟区独树一帜。

尽管德国经济有如此亮丽的一面，在贫富差距控制上也有成效，但从总体看，市场经济体制固有的贫富差距扩大、行业垄断问题并没有完全解决。

（3）日本"政府指导型"市场经济模式

日本力图建立一种"计划经济"与"市场经济"共存的制度。日本于20世纪40年代学习苏联经济制度，制定了1940体制，完成了经济腾飞。80年代后，日本开始针对其计划经济的特点进行改革，形成了具有自己特色的经济体制。

①比较强调政企合作。日本的市场经济体制下，政府与企业之间积极寻求合作，协调两者之间的关系，达到市场经济体制下企业和谐发展的目的。政府和企业共同参与企业的生产经营活动，政府通过宏观调控和微观调控来实施对企业的管理。因此，日本市场经济体制下企业的自主性相对较弱。

②计划与市场相结合配置社会资源。日本政府重视对社会资源配置的宏观调控，以期发挥市场调节作用，同时在政企合作的基础上，健全市场机制来弥补市场调节的不足之处。

③有一套官民结合的经济管理组织体系。日本市场经济体制下还有一套完整的经济组织制度和管理体系。政府、民间团体和企业之间会建立起横向联系，激发官民共同参与一体化组织管理体系。这样能促使政府制定出符合市场实际情况的经济政策，还能平衡政府、企业和民间团体的利益，企业和公众就会积极响应这种政策并自觉执行有利于自身发展的经济政策。

④政府进行宏观调控。政府主要通过提出国民经济发展的长期趋势和总目标，以及实现目标的政策措施与手段，来推进具有全局性、长期性和战略性的经济计划的实行。政府会制定行业产业发展的目标，制定产业结构发展计划和

适合企业发展的产业组织政策，对重点产业和行业的发展实行倾斜优惠，优化市场经济产业结构，从宏观上提高企业的国际竞争力。

⑤透明度较低的体制关系。在市场经济体制下，政府监督和指导企业的生产经营活动，企业也需要政府的扶持，政企之间的联系十分密切，对法律法规不能处处适用，日本市场经济的透明度也较低。

日本的市场经济体制更突出政府的计划和指导作用，有利于减少企业竞争的盲目性。但也正是政府的强力干预，才使市场透明度降低，更有利于大企业的发展。

2. 社会主义市场经济体制模式

原实行中央计划经济体制的绝大部分国家都在向市场经济体制过渡，所不同的不仅是过渡的速度、方法和步骤，还有基本制度基础。

中国根据自身的特点，探索了一条具有中国特色的社会主义市场经济体制之路。1978 年 12 月中共十一届三中全会后，中国实行改革开放；1984 年，中共十二届三中全会提出发展有计划的商品经济；1992 年，中共十四大提出发展社会主义市场经济，并在实际运行中不断充实完善经济体制内涵。

中国的市场经济体制是和中国的社会主义基本制度结合在一起的。完善社会主义市场经济体制的核心是处理好政府和市场的关系，使市场在资源配置中起决定性作用和更好地发挥政府作用。这种经济模式在坚持公有制主体地位、发挥国有经济主导作用的前提下，经过强有力的政府宏观调控，确立市场竞争在资源配置中的决定性地位。这一经济体制模式推动了中国经济的持久快速发展。但是，社会主义市场经济体制的完善和成熟，是要经历一个不断探索与调整的过程的。

（1）中国社会主义市场经济体制模式的提出

社会主义市场经济体制模式的提出，是在总结以往历史经验和实践经验的基础上，对"计划与市场的关系"问题进行艰苦探索的结果。

①党的十一届三中全会后。

党的十一届三中全会后，基于中国国情，我国明确提出了中国经济体制要改革，要从计划经济向市场经济过渡，这是对计划经济实施以来的经验和教训的总结与提升，也是在新的改革开放的历史起点上，进一步认识到经济体制的转变是中国进行改革开放的根本问题。

新的历史性改革是对计划经济体制的扬弃，是辩证的否定。我们既要坚持和完善计划经济体制向市场经济体制的转变，又要从计划经济体制的实施中校正存在的问题。"计划与市场的关系"处理得好，处理得得当，就会促进中国社会主义经济的发展，这时候对于经济体制模式的探索和认识，进入了深入过程。

②党的十二大。

党的十二大提出以计划经济为主和以市场经济为辅的经济体制改革，要在公有制基础上实施。作为国民经济主体的生产和流通要实施计划经济，而有些企业的某些产品就可以由市场经济来调节，根据产品价值规律和市场经济规律来自发地调节产品的生产和流通。对于计划经济要实行指令性计划，而对于市场经济要实行指导性计划。

"计划经济为主、市场调节为辅"改革思路的提出和实施，是对僵化的计划经济体制的冲击与突破，同时也解决了市场与经济兼容发展的问题。在这个基本思路中，一方面坚持了公有制和计划经济，从而坚持了社会主义经济的本质特征；另一方面为市场调节打开了缺口，主张发展商品经济，自觉运用价值规律和经济杠杆引导企业实现国家计划的要求，打破集中过多、统得过死的高度集权体制下的僵化局面。然而，"为主为辅"仍然是"板块结合论"，即认为社会主义经济分为计划经济与商品经济两块。这种机制构想明显偏向于计划机制调节，把市场调节作用只限定在计划外经济这样一个狭窄范围。这时，我国经济改革已从农村转入城市，全面的经济体制改革必然要求和推进改革理论的深化。

在接下来的十二届三中全会上，专家学者们突破了关于计划经济和市场经济的理论，提出了社会主义是建立在公有制基础上的有计划的商品经济，要把计划经济和商品经济协调融合发展，要运用市场经济价值规律正确认识社会主义计划经济。这为我国的改革规定了正确的方向。党的十三届四中全会以后，我国在总体上实行了计划经济与市场调节相结合的经济体制和运行机制。

③党的十三大。

理论探索的进一步发展是党的十三大突破"计划经济为主"的观念，得出了"社会主义有计划的商品经济体制应该是计划与市场内在统一的体制"的新认识；同时还提出"国家调控市场，市场引导企业"机制模式。这种机制的要点包括：计划与市场的作用范围是覆盖全社会的；必须把计划工作建立在商品交换和价值规律的基础上；应逐步缩小指令性计划的范围，国家对企业的管理应逐步转向以间接管理为主；创造适应的经济和社会环境，以此引导企业正确地进行经营决策。这次会议讨论的议题和提出的理论，已经倾向于政府的宏观调控了。

"国家调节市场，市场引导企业"的机制构想存在明显不足，还没有达到全面和高度概括改革所要实现的经济体制的内涵的目的。对经济体制改革目标的认识和把握，需要进一步地深化、补充和提高。

④党的十四大。

党的十四大明确提出了社会主义市场经济体制的改革目标，是我国经济体制改革的里程碑。我们也逐渐明白了计划经济与市场经济的区别不是社会主义和资本主义的本质区别，对科学社会主义理论的认识有了重大突破，成为我国经济体制改革的重要指导思想。这同时也告诉我们，计划与市场不是划分社会制度的标志，而是社会主义和资本主义都可以利用的配置资源的手段，其各有优点与缺陷。如何认识和处理社会主义条件下计划与市场的关系，就成为经济体制改革中的一个关系全局的问题。对这个问题的探索和认识，必然经历一个艰难的、逐步深入的过程。

社会主义市场经济这一经济体制改革的目标模式提出和明确后，就开始了伴随这一目标模式的实施而展开的进一步的深入思考和探索过程。从制度变迁的角度看，我们已经走过了经济体制改革的突破期和扩展期。

⑤党的十六大之后。

党的十六大确立了国家经济建设和改革的主要任务之一就是不断完善市场经济体制，全面建设小康社会。

党的十七大会议上又提出了充分发挥政府对社会主义市场经济体制的导向作用，这是符合中国特色社会主义经济发展的要求的。

党的十八大报告强调加快完善社会主义市场经济体制、加快转变经济发展方式，并提出"使市场在资源配置中起决定性作用和更好发挥政府作用"。

党的十九大报告强调"使市场在资源配置中起决定性作用"，要求"加快要素价格市场化改革"。

可以看出，我国经济体制改革的过程，是一个处理"计划与市场的关系"的过程。

（2）深化经济体制改革——"计划与市场结合"的更深层次探索

我国的社会主义市场经济，本应消除市场经济中出现的各种弊端，但由于我们的市场经济体制建立的时间甚短，理论准备和实践经验都不够，难免照搬和模仿西方市场经济体制及其运作模式，以致出现了许多本不应出现的问题，如产能大量过剩、贫富差距扩大等。进一步深化改革，还要进一步解决"怎样认识和如何处理计划与市场的关系"这个问题。

现实市场经济体制导致的社会问题、经济问题都是在经济发展到一定程度后，由这种经济体制的核心机制造成的。比如现今贫富差距越来越大，已经到了影响社会稳定的程度，但现实市场经济体制的核心内涵是要不加限制地自由竞争。这里需要特别关注在经济发展到新的历史阶段后，现行市场经济体制无法解决的几个重要问题。

①自由竞争与社会内在需要的有计划按比例的"计划性"矛盾无法解决。

现实市场经济的核心是自由竞争，要实现自由竞争就会排斥计划管理，因为人为的计划一定会限制竞争。但社会是个有机整体，需要各部门之间的有计划按比例发展，结果政府不干预不行，干预就违背市场规律。显然，这个问题是市场经济体制基础原理中的问题。

②以追求利润最大化为动力的竞争所造就的"己富"与社会主义社会要求的"共享"矛盾无法解决。

市场竞争的目标是"利己"，自己富裕，但社会要求"共享"，共同富裕。这一矛盾现实市场经济体制无法解决。

③贫富差距扩大导致市场进一步萎缩与市场经济所需要的市场无限扩大之间的矛盾无法解决。

市场经济体制的繁荣需要有源源不断的、兴旺的消费市场。但市场经济自由竞争导致的社会成员占有社会财富极度不平衡的结果，使富人无处消费和穷人没钱消费，严重影响了消费市场的扩大。一边是需要消费市场不断扩大来支撑市场经济的发展，一边是由市场经济自身机制导致的消费市场不断萎缩。显然，市场经济体制也无法解决这个问题。

④现实市场经济体制无法完全通过"法制"解决市场秩序问题。

市场经济体制试图通过法制解决"秩序"问题。但法制所要求的严谨性，使得一场"官司"通常需要几个月甚至几年才能结案，无法满足盲目市场竞争随时都可能违法的司法仲裁需要。

不仅如此，在现实市场经济体制中还有很多实际上无法解决的法律盲点。比如现实市场经济给予了企业充分的经营自主权，因此，企业可以决定员工的岗位、任免、工资；企业运营的信息管理权必定掌握在企业管理者手中。作为企业的管理者，他们一样也有巨大的竞争压力，他们和员工一样都有可能做一些损害社会的事情，甚至损害员工和自身利益的事情，但是这种情况下的员工只有两种无奈的选择：失业或者听从管理。员工听从企业管理者的意见和建议的同时，两者就有了共同的利益，就会共同把这些事情掩盖起来。因此在市场经济体制下，要用法律来规范企业管理者和企业员工的行为，而一旦国家开始直接全面掌握企业信息管理权，市场经济体制在一定程度上已经是计划经济体制了。

这样一些由从西方学来的市场经济体制核心理论造成的深层次问题，暴露出现实市场经济体制无法通过对自身缺陷的修补来完成内在机制的更新。实践证明，对从西方学来的现实市场经济体制进行肯定中的再否定成为历史发展的必然。

二、计划经济体制下的法制建设实践

我国在新中国成立以后的相当长一段时间内实行计划经济体制，也是符合当时的中国国情的，巩固了新中国建立的社会主义基本制度，有利于当时国家集中国力解决战争遗留的重大问题，也对当时特殊情况的积极应对发挥了积极作用，同时促进了当时的社会经济的高速发展。

当时的经济体制对于社会主义现代化的基础建设发挥了巨大作用，计划经济体制对于当时的社会主义经济制度的独立、完整建设，功不可没。

随着社会经济的不断发展，计划经济体制逐渐显露出其缺陷。长期实行的计划经济体制，对当时的企业和人民群众的发展都有一定的束缚，逐渐成为阻碍社会生产力发展的因素，不能够满足人们丰富多彩的物质生活需要，也不能适应人们的文化生活和精神生活的需要。社会的发展使得行业产业部分的分化日益严重，社会主义民主和法制建设也逐渐带来一些难以解决的问题。

特别是由于那时把计划经济体制看成社会主义制度的范畴，凡涉及人们日常生活的经济体制领域的矛盾，自然被看成同社会主义制度的矛盾。因而，在一个时期内，人民内部的一些矛盾，动不动就被看成政治问题，以至于为了保卫社会主义制度，产生"左"的政策，搞阶级斗争扩大化，把法律简单地看成阶级斗争的工具，甚至是单纯的对敌斗争的工具。

从发展国民经济、搞社会主义现代化建设考虑，应当改革计划经济体制；从加强社会主义民主与法建建设出发，也应当对计划经济体制实行改革。

三、市场经济体制下的法制建设实践

法律是国家组织和调控社会生活、经济生活的一种必要手段，其与社会、经济之间也存在一种供给与需求的关系，社会变革需要法律，法律也纠正和促进了社会变革的方向和进程，现代法律制度的代表——经济法对各国的经济发展、经济转型都起到了重要作用。"现代法的出现，是为了填补不堪社会整合之重负的社会秩序的功能缺口。" "社会的需要和社会的意见常常是或多或少走在'法律'的前面的。我们可能非常接近地达到它们之间缺口的接合处，但永远存在的趋向是要把这缺口重新打开来。因为法律是稳定的，而我们所谈到的社会是进步的，人民幸福的或大或小，完全决定于缺口缩小的快慢程度。"中国经济体制下的经济法与社会需求之间的缺口被尽可能地缩小，但当经济转型完成后，其间的缺口又被打开、扩大了，因此，经济法也需随经济体制建设而发生变革，完成从经济转型中的经济法向转型完成后的经济法的转换。

（一）市场经济体制下的资源配置

市场经济体制作为社会主义制度的一种资源配置手段，有如下的特征：

①市场经济体制下的利益主体是多元化的，进入市场的企业、企业法人、自然人都是市场经济的主体。

②进入市场竞争中的商品交换的参与主体都享有平等的地位，他们的交换行为也是自由的，通常采用合同来实现经济流转。

③市场经济体制下的市场价值规律支配市场的交易行为，企业按照市场需求进行生产经营和有效配置各种社会资源，市场的企业竞争之间存在着优胜劣汰。

④市场经济体制下的政府，要维护市场的正常运转，使得政府指导下的市场机制能够充分发挥其积极作用，为市场经济的健康发展服务，而这些，特别需要运用法律的手段来实施。

⑤市场经济体制下的人民民主与法制建设，要保证进入市场的一切行为主体在市场经营活动中都是平等的、自由的，要遵循市场价值规律，而不是听从某人的直接命令。

在我国，经济资源配置在经济转型过程中发生了根本性变化。第一，配置主体从政府一元向政府、市场、社会多元转变。第二，在配置力量上，由政府主导型向市场主导型转变；以市场机制配置为主，以政府力量配置为辅。第三，

在配置方式上，改变行政性权力一元化、单向度、随意性的划拨、配给方式，向市场、政府、社会多元化、多向度、有法律规范的配置方式转变，增强资源配置的社会性、流动性，减少资源配置的行政性、垄断性。第四，从配置结果看，由两极型向纺锤形转变，减少巨富与赤贫，实现资源占有的均衡化。第五，从配置原则看，资源配置过度追求经济效益，忽视社会效益和生态效益，其合理性和有效性被严重忽视。

"资源有效配置不是按照某种理念和原则制定出某种分配制度或政策通过行政指令从上而下去贯彻执行，而是在各个市场主体具有健全的市场经济关系的基础上，通过自由平等、充分竞争的商品等价交换在客观形成的分配方式中实现的。"市场化改革要求市场在资源配置中发挥基础性作用，但由于资本、劳动力等各生产要素都具有天然的趋利性，在东西部、工农业发展失衡的状况下，纯粹依靠市场的配置作用，资本和劳动力都会流向东部发达地区和城市，而落后的中西部和农村只能成为资源输出地。单向性资源流动进一步加剧了东西部以及城乡、工农间的发展失衡，如此将形成恶性循环，必会对社会经济的和谐发展造成巨大损害。因此，政府需对资源配置进行适度的宏观调控，缓解资本与劳动力资源的趋利性配置。当前，我们对市场在资源配置中的基础性地位已达成共识，但市场配置资源的功能却因市场体系的不完备和不完善而得不到充分发挥。无论是金融市场、外汇市场、技术市场等市场的完备，还是劳动力市场、商品市场的完善，都需要经济法提供法律上的保障与支持。只有运行良好的市场才能有效发挥合理配置资源的功能。

"权力的基础和源泉是资源"，增加市场和社会可配置资源，即扩大市场与社会的权力；减少政府可配置资源，即减少政府的权力。资源配置的合理化目标的实现，有助于政府、市场、社会之间均衡发展、和谐稳定。为此，经济法需加大对非政府组织、社会团体的保护和规范，完善相应立法和实施机制。

资源配置合理还包含另一层含义，即产业结构合理化、能源消耗节约化、生态环境友好化，也就是说资源配置要遵循生态效益原则。资源配置的合理与否，在于其取得的效益是否最大化。效益有多种内涵，包括经济效益、社会效益、生态效益等。

（二）市场经济体制下的法制建设

基于以上市场经济体制的资源配置手段，市场经济体制下的法制建设要用法律规范市场，用法律手段抑制和约束市场经济的盲目发展以及不正当竞争行为等。按照法律的规定，企业要依法自主经营，进行自由竞争，以达到对资源的优化配置。

资本主义制度本来是以生产资料的私人资本主义所有制为基础的剥削制度，政治上是资产阶级对广大劳动者的专政。资产阶级专政采取了狭隘的民主制的形式。而市场经济体制与资本主义制度相结合，用平等、自由的市场经济原则做掩护进行阶级剥削。它把市场上人们相互间的地位平等说成是普遍民主，把反映资产阶级意志的偏私说成是契约自由中人们的共同意志，从而使资产阶级退到幕后实行统治，手段更加巧妙了。

我国在建立起市场经济体制之后，实行人民民主专政，广大的人民群众当家做了主人，无论从政治地位上还是经济主体中，都体现出社会主义制度下的市场经济体制的本质特征。人们通过市场经济的价值规律进行商品交换行为，实现了对资源的优化配置。

社会主义市场经济体制下的政府制定具体的运行规则，并保证法律法规在市场运行中的贯彻执行，保证市场竞争和维持市场秩序。企业能够根据自己的意愿和市场的需求生产经营，调动了广大人民群众的生产积极性，实现了政府管理国家以及经济和社会秩序的稳定发展。

市场经济体制下的法制建设也是社会主义的本质要求，结合民主与法制形式的社会主义法制建设逐渐走向成熟。产权清晰的现代企业制度实现了企业自己经营，作为消费者的人民群众成为生产资料的主人，人们之间实现了平等自由的经济交往，这些都从侧面优化了资源配置，提高了人民群众的自主意识。在这个基础上建立的法制，认可市场规则，规范市场运行秩序，同时实行宏观调控，防止市场经济的消极方面所产生的破坏作用。

我们不只在国内如此，而且进入国际市场，利用世界市场补充国内市场之不足。在加入 WTO 之后，中国将进入对外开放的新阶段。这是我国发展经济的新机遇，也是挑战。我们要坚持独立自主的方针，把它作为国内实行社会主义市场经济的延长，利用世界市场，利用资本主义为社会主义服务。同时在主权原则的基础上，根据我国的实际情况，在操作的过程中，实现权利和义务的平衡，为世界市场的繁荣做出自己的贡献。为此，我们不仅要完善我国国内市场的法律体系，随时研究对策，而且要熟悉世界贸易的各项规则，勇敢接受挑战，使我们驾驭国内外市场经济的本领迅速提高起来。

四、经济体制与法制建设的相互关系

（一）经济体制与法制建设

经济体制是经济管理体制的简称。经济管理体制广泛地说，就是社会的基本经济制度在一个国家的具体化，是管理整个国民经济的制度和方法。它既是具体经济活动的组织管理形式，又体现了参与社会经济活动的各个部门、各个单位的地位。因此，我们也可以这样来理解和概括经济体制问题：从纵向看，它是国民经济体系中各个部门的管理制度，以及管理机关与经济组织之间在经济活动中的联系方法；从横向看，它是社会经济组织与其他社会组织之间的联系方式以及相互关系。经济管理体制，从它所包括的生产、分配、交换、消费等社会生产总过程的各个方面来说，这是生产关系的范畴，但是就组织管理制度和规章来说，又是上层建筑的范畴。

经济法是一个新兴的法律。它是国家干预、调节或组织、管理国民经济各项工作，以及用来调整一定经济关系的法律规范的总称。经济法成为一个独立的部门法，并不是由人们任意规定的，而是由经济法所调整的这种社会经济关系的性质所决定的。在我国社会主义制度下，经济法的调整对象，从广义上来说，仍然是各种经济关系。但调整我国社会经济关系的，除了经济法还有民法等其他法律。所以更确切更科学地说，经济法的狭义概念，即经济法只是调整一定范围的经济关系的法律规范。这种一定范围的经济关系，既包括国家对国民经济进行管理的纵向经济关系，也包括各社会经济组织之间的横向经济关系，还包括各社会经济组织内部的经济关系。这些经济关系体现在计划指导、市场调节、组织监督和管理等方面。同时，针对这种经济关系，经济法也有特殊的调整手段，即经济的、行政的、法律的各种手段的综合运用。经济法是我国整个社会主义法律体系和法律制度中最有生机的组成部分，也是上层建筑的重要范畴。

可见，经济体制与经济法的调整对象和手段之间的关系十分密切。

一般说来，经济体制影响着经济法的产生和发展，而经济法又反作用于经济体制。但在不同社会形态下，经济体制和经济法之间的性质是不同的。在同一社会形态下，在经济体制（或经济模式）不同的国家中，经济法的地位和作用也是不同的。因为，马克思主义法律观认为，经济体制影响着经济法的产生和发展，而经济法的产生和发展正是适应了一定经济体制的要求。因为，法律制度不能从任何其他法律现象来证实自己的必然性。这些制度没有它们"自己固有的历史"。它们的历史是由其他社会经济现象的客观过程来决定的。经济体制作为生产关系的一种具体表现形式，虽然其管理制度和方式具有包含上层建筑的因素，但是其大部分内容毕竟是经济基础的组成部分。经济法作为上层建筑中法律制度的一部分，决定其产生和发展变化的根本因素是生产关系，即经济关系的变更。而且，它不是简单地反映经济关系的变化，而往往是依据一定经济体制，使具体的经济管理制度和方法法律化、规范化。

经济法的产生和发展直接受到经济体制变化的影响，这种历史的和现实的事例是不胜枚举的。例如，具有现代意义的经济法概念和法规以及经济学说的出现，无可讳言最早是在第一次世界大战前的德国。这个时期西方国家社会制度中出现两个基本事实：一是经济上，资本主义的垄断和反垄断发展，垄断资本公司组织权力体系日益强大；二是在政治上，垄断资产阶级日益强大，与国家政权合而为一。这种资本主义经济体制适应了当时生产高度集中，以及社会化的垄断资本主义发展的要求，这种经济体制也是为了加强纵向经济和横向经济的联系。垄断公司组织是保证资本主义经济纵横联系一体化的重要形式。它可以渗透到社会生产的全过程和国民经济的各部门，而资本主义的国家干预是使国家通过信贷、税收、价格、外汇管理和补助金等手段，对垄断组织和整个资本主义施加影响，并左右经济的各部门以及企业的经营方向，贯彻对垄断组织和非垄断组织既扶持又限制的政策。垄断资本主义时期的各发达国家的大量的经济立法，就是在这种条件下产生的。先前那种以完全的财产自由、企业经营自由、契约自由、人身自由为原则，以自愿平等、等价有偿为特征的民事法规制度，已经不能适应垄断资本主义制度的要求了。以后，如德国、日本、美国等都有了以反垄断法、公司法为主，且各部门经济法相配合的经济法体系。

社会主义国家的经济法同资本主义国家的经济法虽然有着本质的不同，但社会主义国家经济法的产生和发展也同样受到经济体制的影响。

经济立法对经济体制的作用是保障、巩固和促进经济体制的形成、完善和发展，而经济立法也只有结合经济体制才能更好地发展和完善。

（二）经济体制决定法律形式

一个社会面貌的决定力量是一个社会的基本经济制度，一个国家的法律本质也是由社会经济制度决定的，而决定一个社会的经济制度的核心是生产资料所有权。因此一个社会的所有制体现在法律中就是财产所有权，它是一个国家的神经，是制定法律的灵魂。

而建立在生产资料所有制基础上的计划经济体制或市场经济体制，都包括在经济关系的领域，也在社会生产关系的范围之中。经济体制是不能独立存在于社会中的，社会基本制度决定社会经济体制的形式。因此一个国家的法律的性质，是由经济制度决定的，经济体制只能决定一个国家的法律的形式特征。经济体制和什么样的经济制度相结合就会有什么样的生产资料所有制形式。经济体制决定的法律形式，能够决定法律覆盖的领域，也包括法律所要调整的不同的对象。

1. 经济体制与奴隶制度相结合的法律形式特征

当经济体制遇到奴隶制度的时候，法律所体现的是奴隶主阶级的意志，法律关系的主体就是统治阶级，奴隶不包括在法律关系中，而是作为法律关系的客体存在于奴隶社会之中。这也是西方社会的"私法精神"。

2. 市场经济体制与资本主义制度相结合的法律形式特征

当市场经济体制与资本主义制度相结合，以生产资料的私人资本主义占有制为基础时，法律的形式与高度发达的市场经济相适应，全方位、全过程地覆盖社会生活。农奴被解放成自由的人，劳动者可以作为独立的人进入市场出卖自己的劳动力，劳动力成为商品。

3. 社会主义制度下的法律形式特征

当市场经济体制与社会主义制度相结合时，是以生产资料公有制为基础的，体现着全体人民的意志，法律的主体也是人民群众。与此相适应，社会主义国家法律的性质与决定这个性质的社会主义制度一样，并没有发生变化，但是法律的形式特征，随着经济体制的改革发生了重大变化。社会主义制度下的市场经济体制，决定了社会主义法制建设的性质，同时也决定了法律的社会主义形式特征。

（三）经济体制建设必须要加强法制建设

经济体制的改革和国民经济的发展，使越来越多的经济关系和经济活动准则需要用法律形式固定下来。国家立法机关要加快经济立法，法院要加强经济案件的审判工作，检察院要加强对经济犯罪行为的检察工作，司法部门要积极为经济建设提供法律服务。经济体制改革、经济建设同法制建设特别是经济法制建设的辩证关系，全面论述了经济体制改革和经济建设对法制建设特别是经济法制建设所提出的要求和任务。

首先，党和国家关于经济体制改革的重大方针政策和措施需要法律化，把那些成功的政策用法律的形式固定下来。党和国家对经济体制改革和国民经济的领导，主要靠制定符合自然规律和经济规律的经济技术政策。但是作为执政的党，作为人民掌握政权的国家，不仅要依靠政策，还必须把成熟的政策转化为法律，使人们有法可依。一般说来，先用政策做指导，经过社会实践的检验，成功的就坚持下来，不成功的就加以修正，错误的就应当停止执行，并作为教训供以后工作参考，然后把这种经过实践检验了的政策制定为法律。这种从政策到法律的过渡，是党和国家领导经济工作的根本方法，对当前的经济体制改革尤其重要。为了实现社会主义现代化所进行的经济体制改革，党和国家已制定了一系列的政策，其中最大的政策是对外开放政策和对内开放政策。农村和城市的改革，实际上也依赖于农村和城市的开放政策。农村的改革是很成功的，给人们带来了实惠，城市改革也已初见成效。所以有必要加快从政策到法律的过渡。经济政策，特别是一些根本性的政策，一般都比较有原则，执行起来伸缩性、灵活性较大。如果再加上不适当的行政命令，便会加大随意性，甚至引起相反的效果。所以，国家需要用经济立法的形式，把那些经过实践、证明可行的经济政策定型化、规范化，以保证政策的正确贯彻。用列宁的话来说，就是把经济政策"以法律形式牢固地确定下来，以免发生任何偏向"。城乡经济体制的改革是广大人民群众的事业，直接关系到广大人民群众的切身利益。只有把反映经济规律和自然规律要求的经济技术政策转化成体现国家意志形式的经济立法，才能使党和国家关于经济体制改革的政策为广大人民群众所掌握，发挥更大威力，促进经济体制改革的发展。

其次，随着经济体制改革的发展，出现了越来越多的新的经济关系和新的经济活动准则，这些都需要通过经济法律来调整。一定的经济基础要求有与之相适应的法律制度，经济法是对现存的经济关系的反映和规定。党的十一届三中全会以来，我们首先在农村实行了对内开放政策，改革了人民公社体制，出现了以联产承包责任制为特征的合作制和以农户家庭经济为基础的经营方式。为适应这种新型的经济组织和经济分配关系，国家先后颁布了有关实行农村生产责任制、积极发展农村各种经营，以及国有建筑企业招用农民合同制工人和使用农村建筑队等方面的条例和办法。在城市，则对国有企业实行了利改税、扩大企业自主权、推行经济责任制的政策。在国家与企业之间，以及企业与职工之间，出现了新型的经济分配关系。在企业内部和企业之间也出现了新型的经济关系和经济活动的准则。在城乡实行了发展商品经济、发展优势、开展竞争、促进联合的政策，从而出现了协作竞争、联合等各种新型的经济组织和经济关系。在科技方面则实行了经济建设必须依靠科学技术，科学技术必须面向经济建设的总方针，着重在科技体制的运行机构和组织机构等方面进行改革；实行了技术成果商品化和开拓技术市场的政策，从而引起了科技领域中技术贸易的经济形式和知识产权关系的新变化。在对外经济关系方面，国家把对外开放作为一项长期的基本国策，发展了各种形式的对外贸易，设置了经济特区、经济技术开发区和经济开放区等。国家也先后在外贸和投资、税收和外汇、合同和诉讼等方面，颁布了一系列的涉外经济法规，借以维护国家权益和保护外商的合法权益。总之，经济体制改革需要经济法制建设来做基础，这不是任何人凭空想象出来的，而是经济关系变化的客观需要。

最后，经济体制改革既需要通过经济立法排除干扰，维护改革的秩序，又需要通过经济立法巩固和发展改革的成果。这些年来，由于我们进行了经济调整，坚持了经济改革，对内搞活，对外开放，促成了我国各个方面的大好形势。无论是从宏观上加强对国民经济的管理，还是从微观上把经济搞活，都是很重要的。

经济立法对巩固和发展经济体制改革成果的作用也是很明显的。近几年全国人民代表大会、全国人大常委会、国务院所颁布的有关经济体制改革的各种经济立法，都是对改革成果的反映和概括，都是对改革成果的保护和促进。

（四）法制建设必须紧密配合经济体制建设

经济体制建设与经济立法是相互并行的。一方面，体制改革迫切需要加强经济立法；另一方面，经济立法只有反映经济体制改革的要求，为经济体制改革服务，才能使经济法不断发展和完备。

我国的经济法作为一个独立的法律部门，是在我国把工作重心转移到国民经济调整改革和对外开放的条件下出现的。经济法作为一个新兴的法律部门，作为国家领导、组织和管理国民经济的重要手段，也只有为经济体制改革服务才能有远大的前途。

从经济上来说，就是要改革生产关系和上层建筑中与生产力不相符合的一系列相互的环节和方面，改革那些束缚生产力发展的具体的管理制度，使社会主义制度巩固、发展和完善，使社会主义制度所固有的优越性充分、持久地发挥出来。从政治上来说，就是使我国具有高度社会主义民主和完备的社会主义法制，努力创造"又有集中又有民主，又有纪律又有自由，又有统一意志又有个人心情舒畅的生动活泼的政治局面"。从理论上来说，我国的经济体制改革将使马克思主义政治经济学、科学社会主义和马克思主义法学从理论上得到极大的丰富，使社会主义精神文明得到更大的发展。因此，经济体制改革是牵动全局的大事，是全党和政府各个部门的大事。我们的经济法制建设也必须服从和服务于这个大局。这是经济立法的方向和目标。同时，经济体制改革的内容，从一定意义上来说也就是经济法所要保护的基本内容，为建设中国特色的经济法体系和经济法学体系开创了极为有利的条件。

1. 法制建设有力维护经济秩序

经济秩序只是经济层面、经济体系内部形成的和谐、稳定、自洽的状态，此外，还有自然秩序、政治秩序、社会秩序等其他层面意义的秩序。就经济秩序而言，其也是多层次、多领域、多子系统的秩序，如市场秩序、竞争秩序、生产秩序、贸易秩序等。市场化的经济转型首先要解决的问题是市场的构建以及市场秩序的维护，在此主要就市场秩序的形成和维护进行阐述。市场秩序的形成就是要实现自由竞争和遵循价值规律，市场秩序的维护就是要确保市场自由竞争的有序性和有效性。经济转型中，各类市场主体逐步诞生并实现自主，各类表现形式的财产也在法律上得到产权确认和保护，商品价格也基本实现市场定价和市场调整，市场秩序的形成已基本完成，较为突出的问题是如何确保市场秩序的有序性和有效性。有序性主要通过《中华人民共和国反不正当竞争法》《中华人民共和国反垄断法》等市场规制类经济法对各类违法违规的市场行为进行惩治来提高，有效性则主要通过改善市场诚信环境、减少市场活动的不诚信行为来提高。

2. 法制建设有效保障经济安全

因认识角度的不同，学界对经济安全的理解存在较大差异，不少学者将经济安全限定为国家抗击国外风险的能力，认为其应与经济稳定、经济发展严格区分；也有学者认为经济安全包括经济增长、经济发展，既有抗击国外风险的能力，也有抵抗国内风险的能力。从经济层面看，经济安全包括宏观经济安全与微观经济安全；从风险来源看，经济安全既有来自国外风险的经济安全问题，也有来自国内风险的经济安全问题。国内风险又具体表现为市场风险（市场失灵风险、诚信缺失风险等）、政府干预风险（政府缺位所致风险和政府错位干预、不当干预所致风险等）、改革风险（渐进式经济转型中改革成本累积、矛盾积聚所致风险等）。国外风险包括国际并购、商业间谍、技术性贸易壁垒、经济危机等所致的风险。从行业领域看，经济安全包括金融安全、产业与贸易安全、战略物资安全、经济信息安全等。在此，从广义角度理解经济安全，既要考虑国内风险也要考虑国外风险。经济安全的维护关键在于提高抗击风险的能力，对于市场风险所致的经济安全问题，应以治理为主，治理市场失灵，弥补市场缺陷；对于政府干预所致的风险，则应以预防为主，规范政府干预经济的权力和程序，预防政府干预的缺位与错位；对于改革成本累积、国外风险所致的经济安全问题，则需要预防与治理并举。2008年世界性金融危机为中国加强金融安全提供了现实素材与良好的契机。

金融稳定是经济安全的重要内容和保障。美国金融危机的爆发表明过度放开的市场不符合现代经济发展的需要，过度自由化的金融市场也不利于社会经济安全。现代社会是信息社会，金融资本的过度虚拟化使得金融体系距离实体经济发展的需求越来越远，金融资本的泡沫越来越大。在自由市场的放纵下，金融资本的杠杆化运作也日益嚣张，加上全球普遍存在的资本过剩，大量热钱具有强烈的趋利性、投机性，以及流动的无序性，即便对有大政府的国家来说，实现监管也存在相当大的难度，更何况，美国是奉行市场自由的国家，美国金融体系也是"市场主导型金融体系，美国联邦储备委员会主要采用利率这一市场性杠杆进行调控，行政控制和干预很少"，金融监管的有效性很是缺乏。现今，金融体系已完全不是传统的银行货币体系，证券、外汇、期货、金融衍生品等已为金融体系增添了新内容。金融危机发生的诱因不再限于通货膨胀，也不再限于传统意义上的银行业、货币的危机，证券、外汇、利率、过剩资本都可能单独或综合或交叉或转换后引发金融危机。这在客观上要求金融监管必须加强，而且应以综合性的监管体系为主。"美国的金融监管是横向和纵向交叉的、功能监管与机构监管混合的网状监管格局。这种多头监管机构并存的情况下金融监管权限和范围不够明确，时而反复，时而疏漏，难以协助，从而导致这种系统性风险的积累。"2008年美国金融危机的爆发为完善中国金融监管体制提供了很好的素材。我们在完善货币、利率、证券、外汇的监管的同时，需夯实实体经济基础，扩大内需，减少国家对外来资本的依赖，以增强抵抗外来风险的能力，维护经济的安全。

第二节 法制建设与社会主义市场经济

一、法制建设与社会主义市场经济的关系

我国社会主义市场经济经历了一段很长的发展时期，是在新中国成立以后的计划经济体制的基础上逐步建立起来的，经历过高度集中的经济管理模式。计划经济体制下的法律调整了各种经济关系，是对经济活动的直接管理。计划经济下的法制建设，在一定程度上促进了社会经济的发展与进步。

在明确了中国国情之后，就明确了社会主义经济体制是我国社会经济发展到一定阶段的必然产物，能对当时的市场资源起到基础性保护作用，是世界上经济发展模式中最具活力的最有效的资源配置形式。

法制是指一个国家的各种制度与法律，建立在广大人民群众的意志之上，代表了广大人民群众的根本利益。法制建设一般指国家立法、公民守法和执法三个过程。我国的法制建设是国家在经济发展基础之上制定立法性的文件或指导性文件，国家通过宏观调控机制和这些法制文件，整合社会主义市场经济秩序，让法律贯穿社会经济发展的始终，深入社会发展的各个领域、各个环节，使我国的社会主义市场经济成长为适应我国发展的并且有规划有条理的市场经济。法制建设机制就是在自由经济即"无形的手"起基础性作用的前提下，将国家的宏观调控即"有形的手"视为调控的手段，把商品经济中的活动与行为和社会主义市场经济中的各个领域与环节紧密地连接在一起，充分寻求商品经济活动以及一切社会活动的效益。

在社会主义经济发展和社会进步的过程中，到处都需要法制建设支配人民群众的各种经济行为，以此来适应社会主义市场经济体制的合法性，也遵从社会主义市场经济体制的效益性原则，从而缓和商品经济发展中的重大矛盾。法制建设和社会主义市场经济是相辅相成、紧密联系的两个方面，两者长足的进步与发展能够引导和规范市场经济，为社会主义市场经济的繁荣发展和良好的法制建设奠定基础。

（一）法制建设可以规范社会主义市场经济

法制建设运用到社会主义市场经济体制建设中，能够重新塑造政府的宏观调控职能，重新定位出现在市场经济中的主体。市场经济发展过程中存在着复杂的经济主体，也存在着很多错综复杂的商品经济关系，企业之间也存在着市

场竞争，这样很容易产生各种各样的社会矛盾。所以需要建立起明确的、统一的、适用的法律法规，用法律的形式来规范市场行为，这样市场经济中的经济主体也有了法律法规可以依据，从而保护企业在市场经济中的合法地位。

（二）法制建设促进社会主义市场经济繁荣

每个新兴的社会主义国家的市场经济发展和法制建设，都是符合本国国情的，我国的法制建设和市场经济也是在结合国情的基础上建立和发展起来的，两者紧密结合起来才能搞活我国的市场经济，保持在公有制基础上的社会主义根本性质，才能最终实现人民的共同富裕，才能提高我国的经济发展水平。

法制建设运用到社会主义市场经济体制的发展中，能够保障商品经济主体的法律地位，规范商品经济活动中的交易行为，解决商品经济交易中的纠纷，同时还能对政府行为有一定的约束力，保证市场经济环境下企业的公平竞争，最终促进社会主义市场经济的繁荣发展。

市场经济行为需要用法制来规范和调节，这样才能为商品经济主体的发展提供安全、和谐、友好的环境，这样的经济发展才能符合市场经济的发展规律，从而保障对内贸易和对外贸易的安全、便捷。由此可见，建立健全法制建设机制是社会主义市场经济体制发展的必由之路。

二、社会主义市场经济下的法制建设路径

（一）树立科学的法制意识

要强化社会主义市场经济体制下的法制建设，就要增强全民的法制观念，使广大人民群众树立起法律观念和法制意识，让人们在明确自己的权利的同时，承担起相对应的义务，学习法律、了解法律，做到知法和守法，在法律规范下进行社会活动；要继续加大普法宣传教育工作的力度，贯彻依法治国的思想，努力提高全社会成员的法制意识。

（二）建设中国特色的法制

要按照中国特色社会主义事业发展的总体布局，全面加强经济、政治、文化和社会立法，完善与我国社会主义基本制度相符合、与我国经济发展阶段相适应的中国特色社会主义法律体系，依据发展社会主义市场经济的客观需要，进一步推进经济法制建设，从法律制度上规范、引导和保障市场在资源配置中的基础性作用，形成有利于科学发展的社会主义市场经济秩序。

（三）建立公正廉洁的执法和司法机制

要真正贯彻实施社会主义市场经济体制下的法制，必须要有相应的执法机制，还要有严格、廉洁、公正和高效的司法机制来保障。

①要建立健全各级司法机构，还要有相应的执法机构，要能排除各种因素的干扰，顺利执法。

②建立一支思想品德好、法律文化知识精通、业务素质高、抗腐能力强的执法和司法队伍，保证执法和司法行为的公正廉洁。

③建立健全有效的法律监督和制约机制。

④建立比较完善的法制监督体系，各级法律监督机构、各党派人士、普通民众，都有民主监督的权利和义务，同时还要接受新闻媒体的舆论监督。

⑤充分发挥各阶层人士的监督作用，切实做到对法律法规条文的真正贯彻执行，保证法制建设之下的社会主义市场经济的稳步发展。

（四）健全与社会主义市场经济相适应的法律体系

法律法规也要不断地适应市场经济各阶段的发展目标，使市场经济行为有法可依，保障社会主义市场经济在健康有序的法制环境中发展。不管是从国际环境还是从国内环境看，都要加强各种法律法规的建设，促进全球经济一体化发展。

第五章　法制建设之教育体制

　　法制建设还要通过宣传教育来提高全民的法律意识和法律素质，树立法治精神。要深入开展法制建设的宣传教育活动，要把法制理念和法律文化渗透到人们的头脑中去，使人人信仰法律，崇尚法律，自觉遵守和维护法律，树立正确的社会主义法制观念和法律意识，不允许任何人有超越于法律之上的特权。本章分为普法教育、法学教育两个部分。主要包括：我国全民普法历程及成就、农村法制宣传教育、我国高等教育法制建设进程、现行法学教育存在的问题、高校法学教育改革模式的构建等内容。

第一节　普法教育

一、法制观念和法律意识

（一）法制观念

　　法制是统治阶级运用法律手段治理国家的基本制度和方法。对于法制观念的概念，可以从静态和动态两个方面理解，如图 5-1 所示。

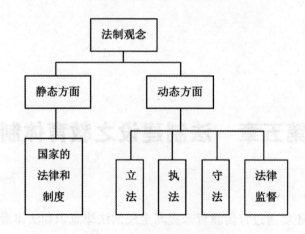

图 5-1　法制观念的概念理解

由图 5-1 可以看出,法制是一个有机统一的活动过程,法制的中心环节是依法办事。根据法制的概念可以知道法制观念就是人们对于法制这一活动过程的看法和态度,法制观念的核心就是依法办事的态度。

(二)法律意识

法律意识是人们对法律文化的一种观念,人们的法律意识对于国家法律的制定和实施具有非常重要的作用。法律意识表现为如图 5-2 所示的各种法律学说。

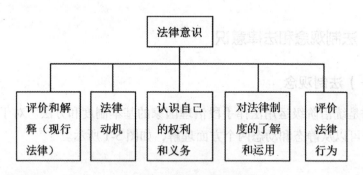

图 5-2　法律意识的表现

二、我国全民普法教育

在全社会范围内对全体社会成员普及法律基本知识的教育就是我们所说的全民普法教育。我国宪法有专门关于普法教育的规定,邓小平也曾积极倡导要人人懂法，积极地推进和维护具有中国特色的全民法律教育宣传活动。

普法教育是我国法制建设中的一件大事，是体现社会主义精神文明的一个重要组成部分。做好全民普法教育能够进一步推动社会主义民主法制建设，推动社会主义精神文明和物质文明建设，提升全社会法制建设的管理水平。

（一）全民普法历程

1978 年，中国共产党召开的十一届三中全会开启了改革开放历史新时期，健全民主法制成为国家的基本方针。根据当时的中国社会发展情况，迫切的问题就是人民群众的普法教育。1986 年，第一个五年普法规划由此启动，一个由政府组织开展的、堪称中外法制建设史上一项伟大创举的法制宣传教育活动开展起来了。

1."一五"普法

"一五"普法的具体内容如表 5-1 所示。

表 5-1　"一五"普法

普法时间	普法对象	普法重点	普法内容
1986—1990 年	一切有接受能力的公民（工人、农民、知识分子、干部、学生、军人、其他劳动者、城镇居民）	普及法律常识；法制启蒙教育	"十法"；"一条例"

2."二五"普法

"二五"普法的具体内容如表 5-2 所示。

表 5-2　"二五"普法

普法时间	普法对象	普法重点	普法内容
1991—1995 年	一切有接受能力的公民（工人、农民、知识分子、干部、学生、军人、其他劳动者、城镇居民）	以宪法为核心；以专业法为重点	部门专业法律知识；社会主义市场经济法律法规

3."三五"普法

"三五"普法的具体内容如表5-3所示。

表5-3　"三五"普法

普法时间	普法对象	普法重点	普法内容
1996—2000 年	领导干部、司法人员、行政执法人员、企业经营管理人员、青少年	宣传市场经济法律知识；将普法向依法治理延伸	法律下乡；法律进万家；军民共建法律；青少年维权活动；高素质法制宣传队伍

4."四五"普法

"四五"普法的具体内容如表5-4所示。

表5-4　"四五"普法

普法时间	普法对象	普法重点	普法内容
2001—2005 年	全民	法律意识→法律素质；行政手段管理→法律手段管理；提高全民法律素质；加强全社会法制化管理	开通中国普法网；依法治国宣传活动

5."五五"普法

"五五"普法的具体内容如表5-5所示。

表5-5　"五五"普法

普法时间	普法对象	普法重点	普法内容
2006—2010 年	农民	开展法律"六进"活动；为普法工作确立更高的目标；进一步提高全民的法律意识和法律素质；增强依法治理的自觉性	创建法治城市；推进法治政府建设；推进法治创建活动；全社会学法用法；举办各种法制宣传培训班；编写普法教育教材；提高依法行政水平；提高依法管理水平

6. "六五"普法

"六五"普法的具体内容如表 5-6 所示。

表 5-6　"六五"普法

普法时间	普法对象	普法重点	普法内容
2011—2015 年	领导干部、青少年、公务员、企业经营管理人员、农民	促进社会主义法治文化建设；深入开展法制宣传教育	加强宪法的学习和宣传；营造良好的法制环境；加强社会主义法制观念教育；组织开展普法宣传活动；继续加强民族地和宗教场所普法宣传教育；加强企业法制宣传
		提高全社会法制化管理水平	开展多层次、多领域的法治实践；推进城市和县市区法治活动；开展法制宣传教育先进单位评选活动；开展基层民主法治创建活动；组织法治创建活动经验交流会
		推动普法教育新发展，做好普法规划、研究、制定工作	总结经验、探索规律，提供普法规划的实践基础；加强理论研究；"六五"普法规划的起草
		创新普法宣传方式方法	组织开展法制宣传日系列活动；组织开展各类主题的宣传活动；充分利用报刊、网络开展法制宣传；组织各种形式的普法大赛；组织法制文艺演出活动；健全法制宣传阵地；探索网络化信息时代的宣传手段；深入社区、农村等基层开展宣传活动；积极开展对外普法宣传

7. "七五"普法

普法时间	普法对象	普法重点	普法内容
2016—2020 年	领导干部、青少年	推进社会主义法治文化建设；推进多层次多领域依法治理；法治教育与道德教育相结合	深入学习宣传习近平总书记关于全面依法治国的重要论述；加强宪法的学习和宣传；学习、宣传中国特色社会主义法律体系

（二）全民普法教育的成就

持之以恒的普法教育取得了举世瞩目的成就。我国从1986年开始普法教育，广大群众学习了法律知识，培养了法制观念，许多人树立了自觉学法、用法、守法和依法维权的观念，各级干部，特别是领导干部学法用法、依法决策、依法执政、依法行政、公正司法、依法办事的意识和能力明显增强，全社会法治化管理水平不断提升。法制宣传教育为全面推进依法治国奠定了坚实的社会基础。如今，独具中国特色的全民普法教育，已使社会主义法治之树，深深扎根于广大人民群众这一沃土之中。

2020年5月，十三届全国人大三次会议通过了《中华人民共和国民法典》，这是新中国历史上的首个"法典"法律，从2014年开始编纂，历时5年多终于在全国人大会议上通过，这是我国长期进行全民普法教育和社会主义法制建设的重大成果。习近平总书记提出要加强对民法典的普法教育和宣传工作，这也是下一个五年计划工作中的法制宣传重点。

三、农村法制宣传教育

中国是典型的农业大国，农业人口要占到全国总人口的70%，因此，"三农"问题是事关中国发展的关键问题。要实现社会主义新农村的生产快速发展、农村人民群众的生活富裕，实现文明、美丽的乡村建设目标，深化农村各项改革，加强基层民主和基层组织建设，加强农村精神文明建设，离不开法制的有力保障。

（一）促进农村生产力的发展

农村建设中，要加大发展农村经济，才能稳定农村的社会管理；加快农村产业经济的转型发展，才能稳固农村经济基础。农村各级党委政府要和农民一起谋求发展，充分利用本地区的特色优势，寻求适合本地区的产业发展模式，引导农民走产业、规模化发展之路，积极调整产业结构，提倡农民自主创业，解决农村劳动力的就业问题，增加农民的收入，提高农民的生活水平，维护农村社会的稳定发展，共同打造和谐的社会环境。

在促进农村生产力发展的同时，要切实加强法制宣传教育，促进和保障农民、农村企业在法制环境中生产经营，公平竞争，维护农民的合法权益，实现农村经济在良好的法制环境中协调发展。

2020年5月，湖南省为了提升新时代农村普法宣传教育的实效性，发挥乡村振兴战略的服务和保障作用，开展了"农村法制宣传教育月"活动，在嘉禾县晋屏镇省级贫困村帅家村举行了示范活动，活动的主题是"加强法治乡村建设，为决胜脱贫攻坚提供坚实法治保障"，突出建设法治乡村、决胜脱贫攻坚等与人民群众生产生活息息相关的法律法规、法律知识和成果的展示和宣讲。此次普法宣传的形式丰富多彩，通过摆摊设点、悬挂横幅等多种形式，给农民发放宣传资料及各种法制宣传展板，将脱贫攻坚与法治元素相融合，把农民迫切需要的法律知识和脱贫攻坚政策送到了田间地头，切实增强了农民尊法、学法、守法、用法的意识，为法治乡村建设和决胜脱贫攻坚营造了良好的法制环境。

（二）深化农村各项改革

在农村建设中农民为主体，要始终将农民的需求和利益放在首要位置，充分发挥农民的参与性，尊重农民的意愿。在这个基础上深化农村各项改革，始终坚持发展生态农业，通过生态农业的建设与发展，把富民理念贯穿到农村建设全过程；加强农村生态景观建设，对兼具经济价值和景观价值的乡土植物，按照植物群属的结构组织特征，进行有机组合，营造适应四季特点的生态景观，优化农村生态环境；农村建设中要因地制宜，结合当地的地形地貌，体现出地方特色；对村庄中各类用地统筹考虑，规划好生活居住用地与生产建筑用地、农业用地及其他用地之间的关系。

以上农村建设中的各项改革措施在实施过程中，会出现各种各样的矛盾和问题，要解决农村建设中的这些问题，除了要运用经济手段之外，更需要利用法制教育的手段增强农民的主人翁意识，指导和规范农民和农村基层干部的各种法律行为，依法调节各种社会关系和经济关系，减少和及时解决各种经济纠纷，营造和谐稳定的社会环境。

（三）加强农村精神文明建设

农村精神文明建设要注意结合农村特色的生态资源和人文资源，如乡土人情、文化古迹等，让农村文脉资源融入农村建设，展现独特的价值。农村文化是农村几千年发展历史的沉淀，农村优美的自然风光、悠然自得的田园生活、独具特色的民风民俗、纯朴的风土人情，都是中华多元农村文化的完美体现。结合农村文化与民俗特色，在农村建设中要充分融入、突出农村的民俗风情和农村特色。

①要加强农村精神文明建设，就需要有较高法律素质的新型农民，就需要

加强农村普法教育，提高广大农村干部、群众的整体法律素质，提高农民群众的民主意识、法律意识，增强干部依法办事和群众依法维权的能力。

②要在农村中建立法制宣传工作小组，让普法宣讲员参与和指导农村普法工作，加强对法律知识的培训和学习，成为农村普法教育的宣讲骨干。

③组织各种科技活动、文化活动与法律活动，为农村依法治理提供服务，有针对性地向广大农村妇女、青少年宣传以国家大法为核心的法律，探究农村法制教育新方法，利用现代化信息网络建立健全农村普法网络，提高广大农村农民学法、懂法、守法、用法的法律意识和法律素质，增强农民群众依法维护自身合法权益的意识和能力。

（四）强化农村基层民主法制建设

①农村建设中还要加强农村基层的党组织和政权建设，真正做到村务公开，激发农民参与农村建设的积极性和主动性。

②农村基层民主法制建设就是要引导农民依法行使民主权利，履行法律义务，切实保障农民的合法权益，创造和谐的发展环境。

③在农村普法工作中还要加强基层民主法制建设，从而构建和谐社会，要做到统一组织、分级实施、层层落实。

④根据农村千差万别的实际情况制定具体的实施办法，明确农村基层组织的责任分工，确保农村普法宣传教育工作顺利开展。

⑤加强对农村"两委"干部的法律知识培训，提高农村基层干部的法律素质和依法管理村级事务的能力。

⑥深化"民主法治示范村"的创建活动，实现村民民主选举和决策、民主管理和监督的村民自治机制，引导村民依法行使自己的权利、履行自己应尽的义务，依法明确表达自己的利益诉求，能够利用法律知识解决各种矛盾纠纷，提升我国农村法制化的管理水平。

⑦要提高公民的法律素质，重要的是要提高广大村民的法律素质。农民群众享受到经济发展带来的成果，其物质文化生活才能得到满足，根本利益也才能得到体现和维护。

四、我国法制教育的价值取向

（一）我国法制教育的价值取向

我国法制教育的价值取向还要从立法的价值说起，立法的价值包括如图5-3

所示的两层含义。

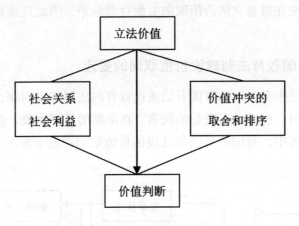

图 5-3　立法价值的含义

我国教育立法的价值取向如图 5-4 所示。

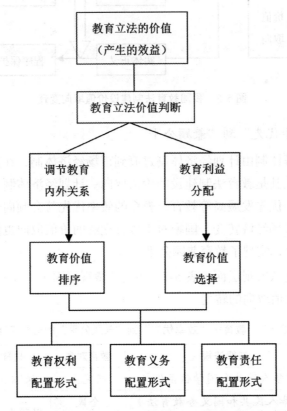

图 5-4　我国教育立法的价值取向

只有全社会有科学、合理的教育立法价值观，才能实现教育法制化。由于我国的教育立法在教育立法价值取向方面存着偏差，因此造成教育立法滞后于社会的发展。

（二）我国教育法制建设价值取向的变迁

从十一届三中全会以后我国开始重视教育的法制建设问题，对于教育法制建设的价值取向，也经过了漫长的探索。在不断的教育实践、教育理论和社会法制教育的完善中，我国教育法制建设的价值取向经过了如图 5-5 所示的三个变迁过程。

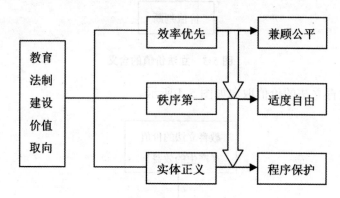

图 5-5　我国教育法制建设价值取向变迁

1. 由"效率优先"到"兼顾公平"

我国的经济体制由计划经济体制过渡到市场经济体制，在这个过程中也会影响法制教育尤其是教育法制建设的价值取向。计划经济体制下的政府会统一分配教育资源，优先发展高等教育，教育的效率优先就会倾向于高等教育。随着经济体制向市场经济转变，国家对于教育立法的价值取向也随之由高等教育转向中小学教育，实现了教育兼顾公平。

国家无论是从宏观层面（表 5-7）还是从微观层面（表 5-8），都实现了教育法制建设的价值取向的转变。

表 5-7　教育由"效率优先"到"兼顾公平"的宏观变迁

时间	法律法规	教育对象	教育内容价值取向
1980 年	《中华人民共和国学位条例》	研究生	保障少数人教育权利
1986 年	《中华人民共和国义务教育法》	全民	保障全体公民教育权利
1995 年	《中华人民共和国教育法》	全民	

表 5-8 教育由"效率优先"到"兼顾公平"的微观变迁

时间	法律法规	教育内容及价值取向
2003 年	《国务院关于进一步加强农村教育工作的决定》	教育公平成为教育国策
…	颁布或修订教育法律法规	促进教育公平
2010 年	《国家中长期教育改革和发展规划纲要（2010—2020）》	

2. 由"秩序第一"到"适度自由"

教育秩序从法制建设层面理解是指通过法律方式调节教育领域的社会关系，从而形成的一种教育活动的稳定状态。过度重视教育的目的性，将教育导于某一领域、某一方向、某一层次，不利于教育系统的生成，造成教育结构失衡；不利于教育多样化，妨害了人自由选择教育的权利；不利于人的全面发展，阻碍人全面认识世界。

我国教育秩序的法制建设价值取向由"秩序第一"到"适度自由"的变迁如表 5-9 所示。

表 5-9 教育由"秩序第一"到"适度自由"的变迁

不同层面	时间	法律法规	教育内容及价值取向
教育立法层面	1980 年	《中华人民共和国学位条例》	高等教育学位授予；自上而下的分配秩序
	1986 年	《中华人民共和国义务教育法》	维护教育秩序
教育自身发展的内在要求			人类社会特有的社会现象；教育自我更新、调节能力；教育组织的自由权利；教育的公共事业性；
社会变革的角度			教育参与市场竞争，满足不同教育主体的需求；教育自由的社会需求
		适度自由教育	学习者依法维权；教育机构依法办学；国家依法管理；

3. 由"实体正义"到"程序保护"

实体法是以规定和确认权利与义务、职权与责任为主要内容的法律；程序法是以保证权利和职权得以实现或行使为主要内容的法律。

程序法包括的法律法规如图 5-6 所示，不同的法律法规体现不同的程序法制价值取向，能满足社会各种法律要求。

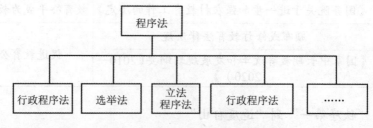

图 5-6　程序法包括的法律法规

法律法规不同，程序价值也不同，如图 5-7 所示。

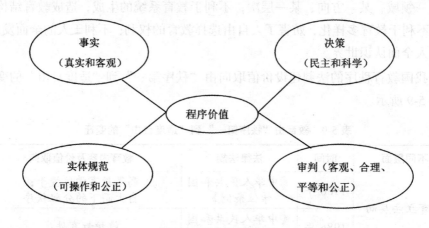

图 5-7　程序价值体现

（1）宏观层面

教育法制建设的价值取向从"实体主义"到"程序保护"也经历了一定的过程。在计划经济体制下国家的需求高于个体需求，法律还是义务服务于国家。在市场经济体制下利益公平分配、各种社会资源有效配置，实现了自由平等、公平竞争的社会环境。

从《中华人民共和国行政诉讼法》《中华人民共和国民事诉讼法》等法律法规颁布并开始实施，我们的程序法逐步确立。人们通过正当的法律程序维护自己的权利，提高了民主管理的意识和法律素质。在教育法制建设过程中，著名的"田永诉北京科技大学案""刘燕文诉北京大学案"就是受教育者利用诉讼手段维护自身权利的最好例证。

（2）微观层面

我国法律从微观层面即法律内容方面也逐渐体现出教育法制建设的价值取向，从而体现出法制建设对程序价值的重视。从 2000 年法院发布的诉讼法中能看出法律的受案范围扩大，为教育者通过正当程序维权提供了有利的支撑。随着市场经济体制下市场竞争趋向于公平，人们对于法律的公正公平也有了很大的需求，法律程序价值的重要性受到广大人民和法律工作者的重视，在司法工作的实际操作中，也体现出利用法律来维护公民权益的重要性。

教育法制建设的程序保护及价值建设，要从以下几个方面来加强。

①要规范教育行政程序，防止教育行政权力运行的缺失，防止侵害。

②国家要利用法律法规完善受教育者包括学生的申诉制度，明确受案范围，融合民事诉讼、行政诉讼等多种维权渠道，加强受教育者的权利救济，让受教育者享有应有的宪法权利。

③加强教育立法的双向运行和立法的民主性，为公民参与法律运行提供条件，才能够从立法层面加强价值认同，确保法律顺利实施。

总之，法律的善恶问题要利用法律的程序价值来判断，要不断对其进行改进和完善，寻找教育法制建设的进步空间，用应然的教育法的价值取向衡量现实的教育法的价值取向，提高教育法制建设的立法水平，保证教育法制建设的实施效果。

第二节　法学教育

一、我国高等教育法制建设进程

（一）清末民初的高等教育法制建设

这一时期是从 19 世纪中后期到 1911 年，是高等教育法制建设的移植模仿时期，如表 5-10 所示。

表 5-10　清末民初的高等教育法制建设

时间	诱因	成果
19 世纪中后期	中西文化差异 西学东渐	京师大学堂

时间	诱因	成果
清末	从制度与法律的层面来规范高等教育； 动摇传统的教育法律体系和教育法律制度的根基	清末新政立法； 《钦定学堂章程》； 《奏定学堂章程》 《京师法政学堂章程》 《奏定学堂章程学务纲要》 《学部奏请宣示教育宗旨折》 ……

清末的中国大学虽然有了法律法规的调控，但由于主导清末大学的法律制度带有浓厚的封建主义色彩，清末中国高等教育法制建设只能说是有"法律"的框架与外衣，而无法律的内涵与本质，依然是中国传统的"人统"与"事统"以及带有浓厚的行政化与官僚化色彩。

（二）民国时期的高等教育法制建设

这一时期是从 1912 年到 1948 年，是高等教育法制建设的创建到繁荣时期，如表 5-11 所示。

表 5-11　民国时期的高等教育法制建设

时间	高等教育立法特色	成果
1912—1927 年	民主共和 科学民主	为中国现代大学的法制建设提供了可能 《专门学校令》 《大学令》 《私立大学规程》 《大学组织法》 《大学研究院暂行组织规程》 ……
1927—1937 年	体系化	六法体系 《大学组织法》 《专科学校组织法》 ……
1937—1945 年	浓郁的战时色彩 应急性 调整性 统治性	教育法律法规 90 余件
1945—1948 年	围绕战后接受复员以及反共内战政策轴心而运作	《中华民国宪法》 《大学法》 《专科学校法》 ……

　　这一时期的高等教育立法的行政色彩减少了，更加体现出现代教育法制建设的特点，统一了整个教育法律体系的法律名称。这一时期的高等教育立法取得了很大的成就，形成了完备的、规范的高等教育法制建设体系。由于中国当时腐败的政权削弱了高等教育法律法规的实效性，颁布的许多法律法规也没有真正地实施。

（三）新中国成立以来的高等教育法制建设

　　这一时期是从 1949 年至今，由于特殊的历史原因，这个时期的高等教育法制建设分为两个阶段，如表 5-12 所示。

表 5-12　新中国成立以来的高等教育法制建设

时间		高等教育立法特点	成果
第一阶段（1949—1977 年）停滞期	1949—1956 年	开端；收回教育主权；开展社会主义教育；高等教育院系大调整；高校自身管理—集中管理	《关于高等学校领导关系的决定》《高等学校暂行规程》
	1957—1965 年	低谷时期；无政府主义；教育工作归党中央	《高教六十条》
	1966—1977 年	停滞	
第二阶段（1978 至今）稳定发展期		自主办学 有法可依 有法必依 依法治教	《中共中央关于教育体制改革的决定》《中国教育改革和发展纲要》《中华人民共和国教育法》《中共中央国务院关于深化教育改革全面推进素质教育的决定》《中华人民共和国民办教育促进法》《中华人民共和国高等教育法》

　　这一阶段的高等教育法制建设进入一个崭新的阶段，使高等教育领域的工作有了法律依据，为高等教育创造了良好的制度环境，有利于大学内外部关系的调整与控制，扩大大学的办学自主权。高等教育的学术水平也有了提升，为建构现代大学提供了法律、政策与制度的保障。

二、我国现行法学教育存在的问题

（一）法学教育与法律职业相脱节

我国法学教育通常是在高等院校完成的，没有相关的法律职业教育培训。这样高校的法学专业人才毕业后就直接进入工作岗位，而法官、检察官和律师等法律职业都要求有法律职业资格才能从事工作，所以法学教育与法律职业之间就出现了脱节。法学专业毕业生与这些法律职业岗位之间就出现严重的不对称现象，严重影响了法学专业毕业生的就业积极性。

（二）统一性与多样性问题

我国高等法学院校的发展也出现极度不平衡之势：一是实力雄厚的重点综合性大学法学院；二是有一定名声的政法大学；三是兴办较早的财经、师范大学中的法律系；四是民族院校中的法律系；五是专门性大学中的法律系；六是党校系统的法学专业；七是专门院校新设的法律专业等。

这样看来这些高等院校、院系及专业都或多或少地涉及法学专业，但是高校的师资和办学条件有相当大的差别。这就是现行法学教育中存在的统一性与多样性问题。

（三）培养目标与培养模式问题

我国法学教育的培养目标和培养模式是培养高素质人才的需要。每个国家的法学教育培养目标都不尽相同，培养模式也因此千差万别。例如，美国法学教育培养职业律师，日本的通识教育培养法律职业人才，中国法学教育培养高素质的法治人才。

我国法学教育要培养法律专业学生的品德素质、综合素质和专业素质，还要提高学生的法律创新意识与法律创新能力；要培养学生的法律信仰，还要重视法律实践课程的学习。

（四）教学内容与教学手段问题

法学教师总体水平不高，部分教师没有政法工作经历或工作年限较短，青年教师的学历水平和理论水平高，但是缺乏政法工作经验、管理经验，实践能力较差，他们对政法部门的运作流程和岗位职责并不熟悉，导致教学设计与实际工作流程（情景）不吻合。部分教师上课内容偏重理论；专业课程讲不透，说不清，也道不明。部分教师甚至弄不清法学教育属性、办学理念、办学模式；弄不清法学专业的培养目标和培养模式；弄不清法学课程的教学模式、教学手段、教学方法、教学内容设计等，教学团队整体力量不足。部分教师知识储备陈旧，不能做到与时俱进。当今科技迅猛发展，新技术、新知识、新理论、新设备日新月异，新的商业模式不断涌现，教师要适应时代发展的需要，掌握本行业、本专业的前沿知识、学术动态等，知识储备保持实时更新，不断完善自身的知识结构，将最新的内容体现在教学课件和精品课程中。

法学教材内容老化，没有及时更新教材内容也是制约法学教育的重要因素。法学院系要用教育部推荐的先进教材，教育行政管理部门要结合法学专家的意见和建议及时更新法学教材，提高法学教材质量。

（五）数量与质量问题

随着人们对法律人才需求的增加，法学专业的招生数量也在增加。但是高校的师资力量匮乏，这样就会大大降低法学人才培养的质量。要提高法学教学的质量，就要从总体上提高招生标准，深化法学专业的招生制度；提高法学专业学生的法律素质，因材施教，教学做到"个性化""多样化"；通过多种渠道提高学生的就业率。

三、我国高校法学教育改革模式的构建

随着中国特色社会主义法律体系的不断完善，我国法制建设的进程不断加快。因此，社会对法学专业人才的需求量也不断增加。照此来说，法学专业的学生应该是比较抢手的，可现实是残酷的，大学法学专业毕业生的就业率日益降低，失业率更是位列各专业之首，而且法学专业毕业生不能满足社会对法律人才的需求，对于就业后的法律工作岗位也不能很快适应。造成这种现象的原因主要还是高校法学教育中教育体制的问题，高校法学教育的教学目标、课程设置等都存在一定的问题。所有这些因素无疑暴露了高等院校法学教育存在的缺陷，让我们认识到法学教育改革已迫在眉睫。

（一）21世纪法学教育的法理学透视

1.知识经济与法学教育

随着社会经济的发展与完善，经济结构、就业结构发生了变化，尤其是随着知识经济、互联网智能时代的到来，新的产业和行业层出不穷，对就业者的

综合能力和综合素质的要求越来越高。在信息技术日益发达的今天，人类社会已经过渡到知识经济时代，知识经济已经在社会经济生活中占据着主要地位。在知识经济时代，一切的发展和财富都以知识为基础。这必然会促进高等教育的改革与创新。

高等教育中的法学教育也随着工业经济时代向知识经济时代转变，发生着巨大的转变。知识经济时代下的高校法学教育有以下两种方式：

（1）被动型教育

高校的这种法学教育以法律理论基础知识的传授为最高宗旨，教学中过分注重对现有法条和基本理论的阐释。这种方式在中国注重考分的考试中很适用，但缺乏对学生能力和素质的教育，更谈不上对学生创造力的培养。学生在学习过程中被动地接受理论知识，而不能灵活地运用。

（2）创造型教育

在知识经济时代的法学教育中，高校要注重对学生创造力的培养，要有创新的法学教育价值观，使学生在创造型教育教学环境下，以继承法律知识为基点，突破对现状的了解从而创新自己的法律学习。

对法律知识的传授，是对人类法律思想、法律思维和法律推理能力的继承与发扬，要以这些法律知识的传授为出发点，关注对大学生创造性法律思维的培养，注重对学生创造性法律推理能力的提升与训练。高校法学专业的学生不但要掌握从法律角度观察问题的方法和特有的法律推理技巧，还要养成独立学习和探索的能力，以及敢于创造、善于创造的品质和能力，以应对将来在立法、司法实践中可能面临的各种复杂问题，适应知识经济时代所带来的日新月异的新情况。

2. 法治与法学教育

法治是 21 世纪中国法制建设的最终走向，我们要实现法治的理想社会，构建经济全球化的法制体系，推动人类社会政治、经济和文化各个方面的崭新发展。法治的构成要件如图 5-8 所示。

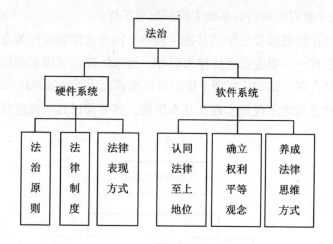

图 5-8 法治的构成要件

要实现社会法治的目标，一方面要不断地完善与更新法律制度的内容与表现方式，另一方面还要培养与塑造人们的法治精神。

法治与法学教育的关系体现为两方面。

（1）法治是影响法学教育发展的强大动力

高等院校的法学教育发展的新的动力和契机就是一个国家的法治发展的程度，我国在依法治国方面实现了由人治到法治的伟大转变，依法治国也被写进中华人民共和国的宪法之中。

依法治国在当代主要体现为两方面，如图 5-9 所示。

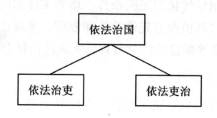

图 5-9 依法治国的两个方面

依法治国的这两个方面是法治的治理主体能够依法进行法治的关键。高校作为国家高级人才的培养和输送场所，理所当然地要承担起培养法学人才的重担，要培养法学专业人才的法律观念和法律思维，使其更好地适应法治国家的要求。因此法学教育在高等院校中得到了迅速发展。依法治国的观念也能够促进高等院校重新定位法学教育观及法律人才培养目标。

（2）法学教育是法治的基础工程和先导工程

国家依法治国既需要法治的基础工程——构建法律制度作为支撑，还需要法治的先导工程——塑造法治精神来引导。而法治建设与国家的法制现代化建设也是紧密结合在一起的，实现了法治目标也就完成了法制现代化的建设。

法制现代化建设不仅要实现其基本价值，还要探讨其实现途径，如图 5-10 所示。

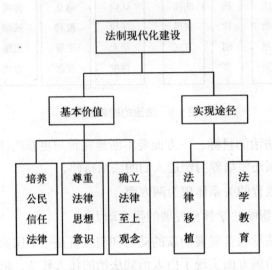

图 5-10　法制现代化建设的基本价值与实现途径

从法制现代化建设的过程中可以看出，培养具有现代法律意识和法律思维的法治主体是实现法制现代化的先决条件，培养主体的法治精神是其核心；法制现代化建设还要通过移植西方先进的法律制度，实现法律制度与法治精神的高度和谐统一。因此高等院校的法学教育是实现法治社会的重要途径。

3.经济全球化与法学教育

经济全球化趋势也影响了法学教育，促使其出现了国际化的趋势。法学教育的国际化要求法学教育培养出具有国际意识与国际视野的高素质法律人才，使之在国际竞争和国际事务中发挥积极的作用。

（二）中国高校法学教育模式的构建

法学教育将置身于知识经济、法制建设和经济全球化趋势的大背景之中，这必将导致法学教育模式的变革与重塑。

1. 素质教育观

高校要使大学生不断增强自己的法律意识，适应知识经济时代和互联网社会的发展要求，尽快学习和把握未来发展的法制教育体系。大学生要有知识获取能力、自学能力，有专业技能的获取能力、知识应用能力、较强的实践能力；还要掌握一定的人文社会科学知识和自然科学知识，要具有文化修养和良好的思想道德；要具有良好的身心素质；要有坚强的意志和健康的体魄，能适应未来艰苦的工作；还要具有专业素质；要具有创新意识，有一定的创新思维能力和创新实践能力，掌握法学理论知识，改善法律知识结构和思维结构。

法律人才需要具备的素质有如下几个方面：

①他们要能适应多变的政治、经济等社会发展中遇到的法律现象，还要有创新精神，在创新中不断完善和更新法律知识、法律观念，不断完善法律机制。

②要将专业的法学教育与不断更新的科学技术、学科相互渗透和融合，不断适应法律所带来的复杂化社会问题，运用法律技能和丰富的法律实践经验应对多变的法律问题，从而适应社会的变化。

③作为未来的法律工作者，要具有独特的推理思维，面对错综复杂的社会问题，要用高度的法律意识和法律思维去解决、分析这些问题，出色地完成工作。

维护人类公平正义的法律工作需要高素质的法律人才完成，法律人才也是国家法制建设中的重要一员，能够弘扬和倡导法治理念，构建适应现代化发展的法治程序。而这些法律人才的培养就需要法学教育来完成。高等院校法学教育同样要以素质教育为基础，才能体现出法律的崇高，保证毕业的法律人才在将来的工作岗位中出色地完成任务。法学教育只有把素质教育贯穿于始终，才能培养出勇于为社会的公平正义事业献身的高素质法律人才。

2. 通识教育观

通识教育相对专业教育、技能教育而言，是一种培养人精神品格的教育，对培养法学创新人才具有十分重要的特殊作用。19世纪以来，在欧美一直流行通识教育与专业教育相结合的培养模式。我国在较多普通高校开始探索通识教育，鉴于发展形势，法学院校也应推行通识教育，拓宽法学教育渠道。

通识教育由美国的帕卡德教授于19世纪第一次提出，他把通识教育和大学教育联系起来，初步构建了通识教育的概念。通识教育主要有技能性、目的性和文化性三大目标，强调学生对自然科学、社会科学和人文科学的学习和探究，培养学生的思维能力和沟通能力，关注人类的自然环境的发展，培养学生的人文素养，建立正确的人生观。

通识教育形式多样，涉及各个领域的文科、理科知识，通过课堂内外、必修课和选修课的全面学习，扩大学生的知识面，开阔学生的视野。

通识教育利用教育的潜在能量，通过多样化的教学模式和教学方法，尊重学生的个性发展，充分开发学生的创造潜能，培养其创造性思维，提高学生的创新能力。

通识教育对培养创新人才的作用，还体现为使学生树立远大的理想和高度的社会责任感，激发学生的创新精神，丰富学生的想象力，促进学生创新思维的发展，使其用创新精神创造性地解决问题，形成良好的品格。

推行通识教育，培养创新人才，转变教育观念；深化教学改革，优化通识教育视野下的育人环境，加大理论教学改革力度；建立启迪、引导、激发的教学模式；发挥学生的主观能动性；建立和谐的校园文化环境，创建高品位的校园文化。这样培养出来的学生才能全面地发展。

依法治国就是由受过严格法律训练的法律人对社会生活进行管理和调整。而同质共同体的养成须从接受专业教育和通识教育起步，这需要法学教育首先从观念上树立起培养共同体的认识，并把这一观念贯穿于教学的全过程。在法学教育中，要培养法律共同体崇高的责任感、为法律做贡献的精神，还要培养他们的法律使命感，使其推动社会的发展。

3. 创新教学内容

高等教育的教学内容主要是以知识这种精神客体作为对象的。这些知识包括基础知识、专业技能知识、创新知识等，扎实的知识是学生进行创新的基础。

基础课程为技能课程的先导，为后续学习和发展奠定基础。课程教学应尽可能采用多媒体教学和实训教学相结合的方法。多媒体教学的优势是生动、形象、易于接受、便于理解，拉近了学生与教师的距离，拉近了课堂与现实的距离；案例分析法是重要的教学方法，特别是各种法律案件的引入，让枯燥的知识更加形象化和人性化；头脑风暴法也是最常用的教学方法，头脑风暴法最能激发学生的创新热情。

专业技能的培养是一个系统工程，图 5-11 所示为技能分解模型。

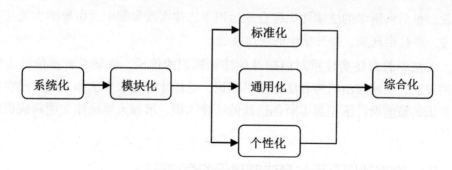

图 5-11 技能分解模型图

在人才培养中，主要是建立学生学习专业知识的体系，突出专业基础知识、综合技能和综合素质方面的拓展训练，使学生不断完善自己的知识结构，适应知识经济时代和社会的发展，尽快学习和把握未来的新的知识体系。好奇心和兴趣能激发学生的求知欲，求知欲是学生主动观察事物、反复思考问题的内在动力，求知欲促使学生进行深度学习，深度学习促进了学生探究知识的深度性、广度性和交叉性，又强化了学生的想象力和洞察力。创新的整个过程是螺旋上升、不断强化的过程，如图 5-12 所示。

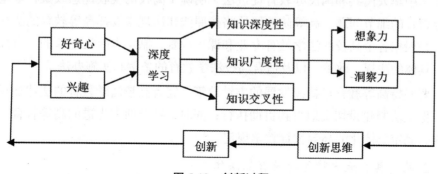

图 5-12 创新过程

对于法学教育中法律知识的传授，要做到如下几个方面：

①法律基础知识是法学教育的主要内容。这些法律基础知识能够长久地适用于法律场合中，学生只有牢牢地掌握了这些法律基本知识，才能有效应对将来法律工作中遇到的各种疑难问题。

②法学教学还要注重对法律技能的培养和法律经验知识的传授。对于实践性极强的法律学科，要系统化地学习法律知识，把法律知识按照领域分为一个一个的课程模块，既要学习标准化、通用的法律知识，还要学习个性化的法律

条款，最后将所学的法律知识综合地运用于法律实践案例中，引导学生关注和思考一些社会现象，提升学生的法律技能。

③法学教育还要注重对前端性的法律知识的传授。法学教育要能适应时代的发展，反映法治精神和法律前沿知识，这样才能使未来法律人始终站在学科知识的最前沿，承担起不断创造新的法律知识、增加人类法律文明新成果的重任。

四、完善我国高等教育法制建设的有效途径

（一）完善高等教育的相关立法

高等教育的发展体现了国家的意志，完善高等教育的相关立法才能保障其健康有序地发展。立法是法制建设的首要环节，良法是实现教育法治的前提。因此，国家应加快与《中华人民共和国民办教育促进法》相关的配套政策及地方民办高校法规的出台，使得高等教育的办学有法可依。

1. 完善民办高校的配套立法

《中华人民共和国民办教育促进法》明确了高校的税收优惠政策，规范了高等教育的细节问题。高等院校要严格按照法律法规来发挥高等教育的法律效力，并根据各个高校的法学教育专业和课程设置，制定本院校配套的、可操作的、具体的法规、政策，以及适合高校法学教育的条例和实施办法。

要坚持高等教育可持续发展的方针政策，完善高校法学教育的法律法规体系，保证法制建设切实地得到贯彻执行；同时，结合西方先进的高等教育法律法规，制定具体化的高等教育教学规定。

2. 构建具有地方特色的教育立法体系

由于各地经济文化、地域发展、教育发展不同，高等教育的法制建设也不同。高等院校要根据具体情况，灵活地制定切合本院校和本地区经济发展的实际政策，保障和促进高等教育的法制建设持续健康发展。

高校要制定符合本地区发展的教育行政法、教育诉讼法、地方教育法规等比较完备的教育法律体系；结合本地区、本区域的经济发展需求，制定相关的法制建设法规，充分体现出高等教育法制建设的地方特色，为各地民办教育的发展营造良好的法律和政策环境。

3.规范我国的教育立法制度

（1）增强法律内容的可操作性

高等教育的行为要用教育法律来规范，法律法规中要明确、详细地规定高等教育的可操作性内容，这也是教育法制建设中最重要的特点。借鉴西方教育法制建设中教育立法的做法，对于高层次的法律要体现出比较性，对于低层次的法规性文件要细化其内容，使得高等教育的教育法律在执行过程中能够解决所遇到的问题。例如，教育法律中要明确规定该做什么和怎么做、什么事情由谁负责，也要规定可以做的事情和不可以做的事情。高等教育的资金来源和资源配置也要通过法律手段来明确，这样可以增强教育立法的可操作性。在制定原则性、实体性的法律规范的同时，还要做出程序性的规范，使法律的原则精神变为可操作的具体规定。

（2）完善法律法规

我国经济体制在由计划经济向市场经济转变的过程中，教育法律法规也要随着社会经济的发展需求逐步修订和完善。首先，要从计划经济体制下的政府办学转变为社会办学，根据高等教育的发展适时地进行法律法规的调整与修改；其次，要逐步修改和完善教育法规，体现出教育法规的严肃性和有效性，推动高等教育法制建设，促进高等教育在良好的法制环境下健康发展。

（3）明确法律责任

教育法律责任还是抵制、预防违法行为的重要法律形式。通过解决权利义务纠纷，制裁违法者，被破坏的法律秩序得以恢复，所有成员受到守法教育，从而减少违法行为的发生。高等教育的教育行为规范要有强制实施的立法依据，有非常具体的法则，真正做到有法可依、违法必究。

高等教育的教育法律有了相应的义务制约机制，可以规范教育行为，明确教育的法律责任，使高校形成依法治教的良好氛围。

（二）认真贯彻实施高等教育的法律法规

在完善高等教育的法律法规和明确法律责任以后，我们要认真贯彻执行高等教育的法律法规，促进教育事业的健康发展。

1.加强教育法制宣传

我们要通过对教育法制的宣传，使人们对教育法律有普遍的认同感；要广泛利用各种宣传方式开展教育法制宣传，加强教育组织者对教育法律的理解，促成其对教育法律高度认同，这样才能让教育法律深入人心，从而更好地执行教育法律。

①加强对教育行政管理人员的教育法律培训，提高其法律意识，使其树立依法治教的观念。这就要求高等教育的所有参与者熟悉法律，得心应手地处理高等教育的行政工作，有法可依地进行教育管理，提高教学质量。

②教育法制宣传要列入国民教育计划中，要把教育法制宣传作为常规性的工作来做，还要根据高校自身的教育特点，实施法律教育。

③在全民中积极地宣传法制，增强公民的教育权利义务观，使其自觉地运用法律维护自己的合法教育权益，以此加强民办高等教育的法制建设。

2. 加大执法力度

高等教育要建立严格的执法制度，加强执法队伍建设。这样才能实现教育平等，促进全社会对高等教育的关注与重视。要健全教育法律的执法责任制度，明确各执法部门的权利与义务，严格执法，保证教育执法的实效性。在高等教育的发展过程中，国家的职能应该是"掌舵"，而不是"划桨"。

①政府要转变对高等教育的管理理念，要从计划经济体制下的政府管理转变成市场经济体制下的社会管理。

②政府对高等教育既要有支持行为，还要服务于高等教育并促进高等教育的发展。政府要规范其在高等教育中的管理行为，灵活地对高等院校进行管理，赋予高校更多的办学自主权，提高高等院校的法制创新意识，促进高等院校履行其法定的教育义务，把握教育执法的合法性和合理性。

③政府通过资金帮助、监督指导、不定期检查与评估的方式，确保高等教育的教育主体地位，预防教育中违法事件的发生。

④政府还有责任和义务为高校的发展提供政策指导、业务指导以及信息服务等方面的帮助。

⑤政府要培养高素质的教育行政执法人员，提高政府公务员的教育法制观念以及依法行政的能力和水平，建立高素质的执法队伍。

3. 完善执法监督制度

在高等教育法律体系还没有健全的今天，要不断完善教育执法监督制度，确保教育法律顺利执行，强化教育法律的权威性。执法监督制度在高等教育中的作用如图 5-13 所示。

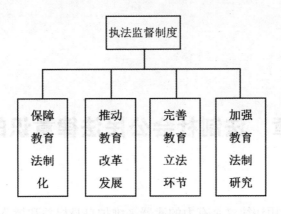

图 5-13　执法监督制度的作用

如图 5-13 所示，执法监督制度对于高等教育法律法规体系的建设起到很重要的作用，在真正的执行过程中要有足够的监督力度，厘清高等教育中各个部门的法律关系，将教育法律的执行过程作为监督的重要内容，保障高等教育的有序运作。

①要充分发挥教育督导系统的监督检查作用，建立统一的教育行政复议制度，实现教育行政部门高效、规范监督。

②在行政复议过程中解决一部分法律纠纷，降低教育法律救济成本。

③要发挥各级政法机关、社会组织及人民群众等的监督职能，强化全社会监督，保证教育法规的实施效果。

4. 督促高校严格遵守高等教育的法律法规

有法必依是我国每个公民应尽的义务，高校也要严格遵守教育法律法规，教育活动都要在合法要求下进行，规范办学，接受社会的监督，创造良好的教育环境；要保障师生的合法权益，调动高校师生的积极性，加强对高校师生的法制意识培养，在国家法律法规的指导下，提高高等教育质量和水平，这也是高校发展壮大的利器和根本保证。

第六章　法制社会公民法律意识的培养

公民可以运用法律这个有力的武器来维护自身权益和规范自己的行为，只有具备高水平的法律意识，清晰地了解自己的权利和义务，才能更好地规范自己的行为、保护自己的合法权益，这样整个社会的法制建设才能更快地发展，最终实现依法治国的目标。公民对法律的认同感和信任感越强，法制社会的建设越会稳步发展。本章分为中国公民法律意识的现状和中国公民法律意识的培养两部分。主要内容包括：公民法律意识的现状、公民法律意识存在问题的原因、公民法律意识培养的路径等方面。

第一节　中国公民法律意识的现状

一、公民法律意识的现状

（一）公民法律意识总体不强

在日常生活中，当自身权益受到侵害时，公民应向法律部门寻求保护，并勒令其停止侵害行为。但是有些公民不懂得运用法律这个武器来保护自己，不清楚法律所保障的范围，主要体现在以下两个方面：

1. 法律意识较为淡薄，权利义务观念不强

有些公民因为法律意识较为淡薄，权利义务观念不强，导致没有树立正确的"三观"，没有责任感，自私自利，不顾他人和国家的利益。责任感分为家庭责任感和社会责任感，一些公民对家庭不负责任，以自己的利益为重；对社会不负责任，在公共场合乱扔垃圾、乱涂乱画、大声喧哗等。近年来，环保成了国家治理的首要任务，有些企业不顾法律规定，偷偷进行生产，排放污染气

体。公民法律意识淡薄，不懂如何行使自己手中的监督举报的权利，最终也是危害了自己居住的环境。

2. 维权意识较弱

改革开放以来，法律体系逐渐被完善，公民遵法守法的意识也逐渐增强，大部分人可以做到依法办事，但是还有一部分人由于受教育的程度不高，对法律知识了解不全面，导致遇到问题时，不知道怎么解决，加上受一些不良社会风气的影响，不信任执法部门，不敢去申诉争取自己的合法权益，更倾向于找熟人、托关系来解决问题，更有甚者不愿意运用法律武器，选择大事化小、小事化了的忍气吞声的方式解决问题。

（二）公民法律意识水平差距较大

目前我国经济发展不均衡，不同地区间存在一定的差异，公民平均受教育水平不一样，导致公民法律意识水平差距较大。我国按照地区划分，分为城市地区和农村地区。城市地区的公民法律意识较强，农村地区的很多农民法律意识较弱，思想陈旧，传统的道德思想仍然根深蒂固。

二、公民法律意识存在问题的原因

（一）经济原因

在封建社会，自给自足的自然经济很长时间占有绝对的统治地位，主要特征是排斥商品经济，排斥社会分工，反映到政治上必然是等级观念、依附观念、义务至上等，无法使广大劳动人民形成一个觉醒的、有独立性的阶级。因此，他们不能表达自己的想法，只能由统治阶级代表他们表达意愿。这些统治阶级是高高在上的具有较高权威的政府权力，既能赐予他们阳光和雨水，又能保护他们不受其他阶级侵犯。总之，权威的政府权力支配整个社会的思想，而与之相反的平等、自由等相关的法律意识是建立在平等的法律关系基础上的，所以必然会受到排斥甚至打击，所以说我国封建社会缺少培养法制思想的土壤和基础。

新中国成立后，我国实行的是计划经济，计划经济的特点是高度集中，由政府去分配社会资源。这种经济体制造成了国家对各个行业拥有至高无上的经济权力和强大的渗透力。国家不仅是社会的政治组织，而且也是一种重要的经济力量，不仅控制着企业的内部关系，也控制着企业赖以生存的整个社会的外部环境。国家能完全支配所生产的商品和劳务的去向，同时也拥有将这些商品送到消费者手里的掌控权。这种经济体制有其存在的意义，在一定时期内能促进工业化的发展。但是，它也有其存在的弊端，一方面它使国家的行政权力更多地掌控了各个企业的经济活动，从而也阻碍了法律的形成和发展；另一方面，它使产权、市场、契约等商品经济因素发展缓慢，从而限制了法制作用的发挥。因此说在计划经济时代，法制思想是个"稀罕品"，其应有之义根本无法形成，特别是在一段特殊时期，个人崇拜、扬农抑商思想盛行，这不仅是对法制的最大破坏，更是对人们思想的禁锢，没有了思想上的解放，何谈人们的积极性、主动性和创造性，何谈现代法律意识？

从我国现阶段的经济社会发展状况看，现代化的社会主义市场经济不十分发达，自然经济在农村仍占有相当大的比重。这两种经济模式相互影响、相互制约，自然会影响我国公民法律意识的形成与发展。一是两者产生的基础不同。自然经济的特征是人身依附，无法产生现代民法所要求的平等、自由的观念，其法律的作用仅仅是能确定财产的归属权，在这种环境下产生的法律意识是不完整的、不正确的；而市场经济天生就是法制经济，要求市场上的交易主体不仅交易上要平等，而且发生纠纷后权利上也要平等，特别是行政机关作为民事主体进入市场时，更应该注重公平和平等。二是两者产生的法律意识不同。市场经济的发展会形成平等、自由等法律意识，而在自然经济体制下，人们付出的劳动不被尊重，人们的劳动价值得不到重视，甚至被贬低，不能形成平等、自由、权利等观念，唯有服从、命令和专制。

（二）传统法律文化的影响

中国传统法律文化有其自身的发展脉络，即它是中国数千年发展并相传下来的法律实践活动和成果的总称。它是中国传统文化的一个重要组成部分，与其他国家的法律文化一样，必然有其精华与糟粕两种成分。下面从传统法律文化中的人文精神一角，来探讨一下我国传统法律文化对公民法律意识的影响因素。

首先，中国的传统人文精神缺少法制基因。人文精神是人类创造文明以来长时间积累和沉淀而形成的一种基本精神，它的宗旨是关怀人的价值，也是人类追求进步的动力之源。从本性上讲，我国传统人文精神是从属于世俗政治的，是一种功利性的伦理精神，因其缺少独立性和纯粹性，而丧失了矫正和抗争政治现实的能力，彻彻底底沦为封建专制制度的附庸。

其次，中国传统的人文精神缺少理性因素。西方人文精神的主要内涵是理性，有的人主张理性，有的人批判理性，尽管也存在分歧，但是它们对理性的解释是一样的，即理性具有抽象、分析等能力。西方国家的法制是与人的理性密切相关的，相比之下，中国传统的人文精神更多关注人的情感和意志等方面的内容，由于其缺乏主体的独立认识，因此是神秘的、非理性的。

最后，中国传统的人文精神缺乏对个体的尊重。传统的中国是以国家为第一位的国家，它轻视和否定个人存在的意义，家法族规成了法律存在的形式，生活看似表面和谐，实则到处存在着压榨和剥削，这就与中国人文精神相背，必然会使以保障个体权利为宗旨的法制思想无法生成。

（三）法律制度建设方面存在不足

首先，在立法方面。改革开放以来，我国制定了多部法律和行政法规，这些法律和法规的出台，很大程度上解决了社会生活中无法可依的问题，但因受各方面因素的影响，这些法律有些带病出台，实行起来无法真正达到立法目的。其主要表现在如下方面。

一是法律法规多且杂，令人无法理解和运用，更何况我国人口众多，个体素质参差不齐，同一部法律有着不同的解释，同一种违法行为在不同的地方有着不同的处罚，如交通事故中"同命不同价"等问题广受人们诟病，致使人们不信法、不守法甚至暴力抗法。

二是我国在立法技术方面存在一定的弊端，致使下位法与上位法、同位法之间相互冲突，况且一些部门规章与地方法规因缺少监督与制约，为自己争权、扩权现象凸显，有些法律法规一出台就受到老百姓的抵制，更不要谈法律的权威与神圣了。

其次，在行政执法方面。近些年我国的依法行政水平和能力有所提高，但不可回避的是一些知法犯法、有法不依、执法不严、徇私枉法等现象依然存在，并可能长期存在。其主要表现为滥用职权，搞权钱交易；超越职权，为己争利；违法行政，该罚不罚；该管不管，行政不作为；有利争着管，无利都不管；等等。这些严重破坏了行政机关的公信力和法律的权威性，并败坏了社会风气，经常让人产生法大还是权大的疑惑。

再次，在司法方面。司法部门做到公平正义，法院的判决才能够为社会大多数人所接受和认可，反之则会失去公信力。目前我国的司法腐败现象还会出现，一些执法人员的职业道德和业务素质还有待提高。

另外，行政权对司法权干预现象也层出不穷，这无疑是对司法工作成效的破坏，也将损害法律的公正性，摧毁人们对法律赋予的自由、公正、正义的期待，而缺失法律信仰的社会必然无法形成正确的法律意识，法律就会变成纸上谈兵，看起来很美，终是黄粱一梦。

最后，在普法方面。近些年，经过坚持不懈的努力，普法工作取得了一定的实效，人民群众对法律及法律制度有了充分的了解和认识，法律意识也有所提高。但以平等、自由、公平等为代表的现代法制思想还未完全建立起来，其原因有几方面。首先是普法工作的重点有失偏颇，只放在宣传公民的法律义务上，公民的权利方面很少涉及。可以这么说，我们的普法工作还停留在守法层面上，没有真正让老百姓知法懂法，由此很难激发公民的学法热情，也很难树立起法律的权威。其次是有些普法工作人员自身缺乏现代法律意识，普法活动注重形式多于效果，投入后不求回报，这无疑会使普法工作的效果大打折扣。最后是舆论的导向也存在问题，过多地强调法律的刑罚作用，而忽视了法律的指引、评价和预测功能，让人觉得法律是惩罚犯罪者的工具，从而对法律产生恐惧感，潜移默化地把人们导向了法律的对立面。

（四）各类部门法律意识发展不平衡

1. 宪法意识薄弱

宪法是国家中最具有法律权威的大法，法律意识中处于核心地位的是宪法意识，因此宪法意识也是衡量公民法律意识水平的重要标准。我国更多地关注普通法的内容，往往忽视了宪法的内容，认为宪法的效力要低于普通法，只不过是纸上的法律。

2. 民商法意识弱于刑法意识

我国历来的传统是重刑法，轻民商法。在公民的意识中，提到法律这个词，首先想到的就是抓人和坐牢，并没有充分认识到法律对民商活动、社会活动以及公民的合法权益起到的保障作用。

3. 程序法意识弱于实体法意识

我国自古以来的传统是重实体、轻程序，事实上，诉讼法和实体法是相辅相成、不可分割的，应该一并重视起来。但是由于受传统的重实体、轻程序的法律思想的影响，人们并不重视程序法。参与诉讼的大多数人其实并不关心审判程序是否合法，更关心审判结果，甚至有些时候连一些司法、执法人员也不重视诉讼程序，有些甚至明目张胆地违反法律规定的程序，这种行为无疑更加降低了人们对诉讼法的信心，影响了人们对诉讼程序的评判。

（五）相关法制体系不够完善

改革开放以来，我国的法制体系逐步形成和完善，我国在法制建设上取得了巨大的成就，彻底改变了过去无法可依的局面。但是同时也存在一些质量问题。一方面，制定出来的法律违背了规律或欠缺立法技术，难以实施。比如，有些法律规定不具体、不清晰，操作性差，导致公民在遵守和应用的过程中不能准确地理解和把握；还有些法律法规在制定时考虑不周全，缺少配套的措施，实施起来非常困难。另一方面，新法和旧法，上位法和下位法之间也存在冲突，只是公民不知道如何去化解。专业的司法人员都无法应对这些立法中存在的质量问题，更何况普通老百姓，长此以往，老百姓就会对法律产生不信任的态度，致使法律在社会中得不到更好的、更有效的、更全面的实施。

（六）普法教育成效不足、形式单一

由于我国的普法工作都是由政府相关职能部门组织和开展的，因此带有浓重的政治色彩。改革开放以后，我国的普法教育才兴起和发展起来，对其的研究起步晚、经验不足、创新不够。当前的普法教育更加偏重宣传和考核法律条文，极少宣传法律的价值，导致公民无法领会法律条文背后的真正意思。另外，普法教育缺乏针对性，很多时候举行的普法活动是形式大于作用。

首先，我国的普法工作没有根据不同人群的特征和需求进行开展，缺乏针对性，尤其是在农村地区，普法宣传重实体法轻程序法，普法内容严重脱离农民的实际需求，未能给农民群众带来切身的实际利益。其次，普法载体十分落后，很难跟上时代发展的步伐。有些地区举办的普法活动还拘泥于传统的形式，比如发传单、挂横幅、沿街宣传等，实际效果不好，老百姓也很反感这种形式，看到就远远地走开。最后，普法工作缺少科学性，开展之前未做问卷调查，没有充分地了解老百姓的需求，导致工作没有达到预期的宣传效果，也浪费了很多人力、物力和财力。

（七）信访制度的不规范影响法律在公民心目中的地位

信访制度的发展具有一定的历史性，在我国特有的历史问题和政治问题的解决过程中，信访制度确实发挥了很大的作用。但是近年来出现很多不当的信访行为，严重破坏了社会的和谐与稳定，比如信访程序不规范、多次信访、越级上访等。另外，当前信访的工作主要是化解纠纷和争取权力，与司法部门形成了权力交叉的局面，严重挑战了司法的权威，使立法、行政与司法之间相互制约和平衡的关系也被打乱。在日常生活中，由于信访涉及的问题大都与法院

已经生效的判决有关，因此不可避免地会存在一定的矛盾。政府为了维护社会的稳定，有时候会越权干涉司法工作，甚至利用行政权力阻碍法院的判决或者迫使案件重审，最终损害了司法的权威性和独立性，损害了法律在公民心目中的地位。

当公民之间存在纠纷需要解决时，信访是另外一种救济途径，公民可以选择通过信访的途径来解决问题，但是这种信访制度从某种程度上也为行政部门干预司法提供了空间，逐渐减弱了司法在人们心中的权威性和独立性，很多人产生了相信信访不相信司法的观念，这与法制社会公民树立正确的法律意识的要求相矛盾。国家必须严格规范信访制度，使其发挥最大作用的同时不至于越界，这样才能不违反它设立的初衷。

三、针对我国公民法律意识出现的问题提出解决措施

（一）营造良好的司法环境

公平的司法能增强公民对法制的信仰，提高公民的法律意识，因此司法部门应该创造良好的司法环境。首先，提高司法工作人员的业务水平，使司法人员树立以老百姓利益为重的理念，树立法大于权的理念，绝不滥用职权，绝不受贿腐败。其次，只有建立健全社会体制，法律面前人人平等的愿望才能得以实现。只有营造了良好的司法环境，公民的法律意识才能有社会保障。

（二）推动商品经济的良好健康发展

良好的经济能促进法律的发展。但是由于目前我国的商品经济不是十分发达，尤其在农村地区，自然经济仍占有很大的比例，呈现了法律意识发展的不平衡状态。因此我国在加快各行各业发展的同时，也要加强商业经济的规范性。为了使经济主体和政府部门正确地运用法律，我们应该做到加强对经济建设的法制监督，规范检查监督部门的职权，这样才能在公民中树立良好的执法形象，增强公民的法律意识。

（三）全面提高公民素质

想要全面地提高公民的素质，最重要的是改善公民法律意识淡薄的情况。第一，现代社会要求公民守法，应该先培养公民的权利意识，公民的权利意识提高了才会积极地守法。第二，提高公民的受教育水平，提高公民的科学文化素质。第三，全面培养公民的综合素质，除了培养公民的法律意识以外，还要

培养其市场竞争意识、正确的价值观等，使所有的意识有机结合起来。第四，对公民加强普法宣传教育。根据不同地区公民的特点，采用理论和典型实例相结合的形式，运用媒体、社会宣传等多种渠道，有针对性地开展工作和进行法制宣传。

（四）协调公民传统观念与法律的关系

公民的传统观念会影响公民的法律意识的产生和形成。有些公民在遇到问题时，不愿意运用法律武器来寻求救济，更愿意用民间传统的观念来解决问题。为了使法律更贴近生活、易于实施，我国的立法和司法部门应该积极地吸收民间好的规范，使其成为法律。法律的内容能被公民理解和接受，也会大大提高公民的法律意识。所以协调好公民传统观念和法律的关系是提高公民法律意识的关键所在。

（五）利用文化产业推动普法宣传

增强公民法律意识的重要途径是普法宣传。国家尤其应该加大对经济发展和教育水平落后的农村地区的普法宣传力度。国家可以通过新闻媒体、互联网媒体等多种途径进行宣传，但是与这些宣传手段相比，更容易被人们接受的形式是大众化的文化产业，如影视作品和文艺作品。优秀的影视作品能更直接地激发公民对法律的兴趣和理解，如之前热播的电视剧《人民的名义》，受到了各个年龄段观众的喜爱，增进了人们对司法机关的认知，增强了人们的法律意识。

第二节 中国公民法律意识的培养

一、法律意识的概念

法律意识是指人们对已经制定、发布，特别是现行有效的法律的实施状况的看法、观点、感觉、态度、信仰程度等整个法律现象的总称。用通俗易懂的话说，就是按法律法规的权限和程序处理日常生活中出现的各种各样的事情。法律意识是一个国家或民族的所有社会组成人员对法律的观点、态度的总称，是法律在现实社会中的反映，即法律从应然的转为实然的表现。从整个法制思想体系来看，法律意识是其最初的状态，为建设中国特色社会主义法治国家，提高公民的法律意识就成了首要任务。

然而，自新中国成立以来，公民的法律意识虽然有所提高，但仍有一些公民的法律意识较薄弱，不断地触碰社会道德的底线，即法律。因此，对当前我国公民法律意识淡薄的原因进行分析，并采取各种有效的措施，提高中国公民法律意识是全面推进国家治理体系和治理能力现代化的基础，对法治中国的建设具有深远、现实的意义。

二、公民法律意识培养的重要性

公民法律意识作为影响公民个体活动的重要因素，直接影响我国民主法制建设的步伐。公民法律意识一旦形成，对公民的行为将产生直接影响，因此培育公民的法律意识具有重要的现实意义。

（一）培养公民的法律意识是建设社会主义法治国家的需要

遵守法律是每个公民的基本义务，也是建设社会主义法治国家的需要，公民的法律意识的高低直接影响到他们能否履行这项义务。人们的思想支配他们的行为，如果对法律的认知不足，就会对自己的行为是否合法而茫然不知，那么他很难严格遵守法律。所以，提高我国公民遵守法律的自觉性，必须培育他们的法律意识。公民的法律意识水平越高，遵守法律的自觉性也越高。由此可见，培育公民的法律意识是实现依法治国的重要思想条件。

（二）培养公民的法律意识是增强权利意识的基础

法律意识，实际上就是人们对法律所建立的规则的信仰。法律意识的核心在很大程度上就是指权利意识。法律规定的各种关系，实际就是一种权利义务关系。而在整个社会中，我国公民法律意识存在的最大问题就是法律意识的不平衡性。由于公民的经济状况和文化知识结构不同，法律意识的高低是不平衡的。随着经济的发展和社会的进步，通过法律维护自身权利的人会越来越多。社会主义法治国家的建立需要每位公民的积极参与，公民法律意识的培育和权利观念的建立也需要每个人通过实际行动来推进。但遗憾的是，生活中公民还缺乏这样的意识和能力，当纠纷发生时，人们习惯于找政府。因此，公民应树立正确的权利意识，当自身权益受到侵害时，应该勇敢地拿起法律武器来保护自己的合法权益，这才是对法律的信仰和尊重。

（三）培养公民的法律意识是公民道德素养提升的需要

社会生活是繁杂的，法律所涉及的范围是有限的，而道德管辖的范围非常广泛，它涉及人们生活的所有领域。法律是道德的底线，法律支持道德。社会主义法涵盖了社会主义道德的要求，对于那些重要的道德内容和原则问题，立法时应确认清楚。如婚姻法中将家庭美德的内容、尊老爱幼、夫妻和睦作为重要原则。民法中将诚实守信的道德要求作为人们的原则之一。道德的要求也是通过法律来体现的。一个不懂得遵守法律的人，不可能成为一个遵守道德的人，如果连最基本的道德规范都不能遵守，又怎能去培养正确的法律意识和履行自己应尽的道德义务。公民法律意识的养成有利于道德素质的培养，缺少法律素质的道德素质培育是不全面的。可见公民法律意识的培养对于道德素质提升起着重要作用。

（四）社会主义市场经济条件下公民法律意识的培养

社会主义市场经济的本质是法治经济，它要求全体公民具有良好的法律意识。同时，较高的公民法律意识也是依法治国、构建和谐社会、实现中国梦的重要基础和可靠保证。然而，从我国法学教育和普法情况来看，公民法律意识远远达不到社会主义市场经济的要求，甚至于在某些方面严重制约了经济和社会的发展。习近平总书记曾经明确提出了"全体人民都成为社会主义法治的忠实崇尚者、自觉遵守者、坚定捍卫者"，这是公民法律意识培养的目标。

因此，有必要对社会主义市场经济条件下公民法律意识培养方面的相关问题进行深入研究与探讨。培养和提高公民法律意识应当根据社会主义市场经济的要求，从普及法律知识入手，从公民平等意识、诚信意识、自由意识等方面深入开展工作，对公民法律意识进行多层次、多角度、全方位的培养，这样才可以更加接近实际，才能真正适应社会主义市场经济的需要，促进社会主义市场经济的发展。

三、公民法律意识缺失原因分析

（一）传统文化对法律意识建立的影响

自古以来，由于中华民族经历了漫长的封建统治，当时的政治文化等相关背景和氛围造就了"君权至上""君权神授"观念，法律可以因为君主的一句话而立改废，就是这样，法律逐渐成为君主统治的手段之一，也致使法律不具有确定性和可知性，直到春秋公布成文法，人们才得知和了解法律，但对于学习法律仍然是难以做到的。我国从 1840 年鸦片战争后开始步入半殖民地半封建社会，自古形成的儒家思想一直为人们所熟知并由子孙后代所继承，后来袁世凯复辟时，"尊孔读经"的思想再次被搬出来，一直沿用至新中国成立前的国民党统治时期。

因此，体现着中国历朝历代以来的传统文化的人治思想源远流长、根深蒂固和深入人心，在短时间内改变人们对法律的观念、看法非常困难，致使从那时起我国广大民众便不注重对法律知识的学习，对法律知之甚少，甚至不具备法律常识。

（二）对法制宣传的参与度低

近年来，我国不断致力于增强中国公民的法律意识，特别是加大对法律、法规等法律规范的宣传，但效果不甚明显，如在农村等偏远山区开展法制宣传只是集中少部分干部进行学习和集训，法制宣传工作的范围过于狭小，导致很多农村人口缺乏对法律知识的认知，或者人民对于宣传的内容予以漠视，不重视法律宣传的学习机会。

（三）公民对法律的认可度低

受到传统人治模式的影响，人们认为法律是当权者使底层的百姓服从其监管的工具，是稳定一个国家或民族，甚至部落的政治、经济、文化政策的道具，从而导致他们不相信法律能为自己创造价值，维护自身的合法权益。腐败现象严重，也是公民不信仰法律的原因之一，甚至对法的"正义"和"公平"产生了严重的怀疑。

四、公民法律意识培养的路径

法律意识作为一种特殊的意识形态，它的形成不是自发的，而需要经过长期不断的培育。现代社会的法制建设水平的高低取决于每个公民法律意识水平的高低。在人们形成法律意识的过程中，宣传教育具有积极的作用。

（一）加大普法宣传力度

社会意识包含法律意识，法律意识是社会意识的特殊形态，而公民法律意识是需要经过长期不断的培养才能够逐步形成的。从社会意识和法律意识的关系来看，人们的法律意识水平和社会的法制建设水平的关系密切，二者相互影响、相互制约。在公民法律意识形成发展的过程中，宣传教育的积极作用不可忽视。

1.加大公民普法教育力度

从普法角度而言，公民法律意识的提高需要一个循序渐进的过程。首先要使公民了解法律的规定，准确理解法律的精神，遵守法律的规定，协调好权利和义务的关系，使法律规定变成人们的自觉意识，在遇到问题时会运用法律武器来保护自己的权益。近些年国家加大了普法宣传和普法教育的力度，我国公民的法律意识有所提高，但也有一些公民认为法律只是对违法犯罪活动的处罚手段，产生这种现象的根本原因是人们对法的本质认识不清，这也是普法教育漏洞带来的弊端。在普法教育过程中，重理论，轻实践，不利于调动受教育者的兴趣，也无力改变受教育者的法制观念。因此，在今后的法制教育上应采取以下措施。

第一，利用网络快速、直观、容量大、覆盖面广的优势，鼓励和支持媒体策划出更多更好的法律节目，通过案件陈述和解读、提供法律热线服务等方式，普及法律知识，提供法律服务。

第二，以宣传为主，注重教育的成果。在多媒体、自媒体等传播方式多种多样的现代社会，为了让每一个中国公民对中国现行法律法规有更多的了解，我们可通过以下方法进行宣传：第一，在中小学教育阶段，把法律常识列入其中的一门必修课程；第二，在县级以上的大小城市，定期开展法制教育或培训讲座；第三，在农村等偏远山区，定期召开法制教育大会，每家每户派代表到会。

2.加大普法监督力度

由于一些历史原因，公民对法律的权威性质疑，遇到问题时不想通过法律途径进行解决。想要改变这种消极的现状，国家就要通过长期的普法工作来转变群众的固有观念，鼓励他们敢于利用法律武器来保护自己的合法权益，同时加大普法监督力度，确保执法的公正性。普法工作是一项长期的事业，它需要政府的领导、全社会的参与和支持。因此，我们要立足长远，整体布局，上下联动，形成合力，多措并举，积极推进，坚持不懈地推动其发展。只有这样，我国公民的法律意识才能得到提升，法治精神才能得到弘扬，社会才能更加和谐。

（二）营造良好的法制环境

1.构建公正的司法环境

司法是社会正义的最后一道防线。如果公正、合法、合理地审理案件并得到公平的判决结果，那么它对社会产生的影响将是积极而又深远的。反之，则很容易使人对法律失去信心，从而动摇对法律的信仰和认知，并产生对法律的蔑视。因此，维护司法的公正、公开、公平，促进公正司法体系的建立是至关重要的。因为法律作为一种社会规范，也需要有一个良好的法律环境去运行，如果司法腐败，司法不公，必将损害法律在人们内心的形象。

所谓司法公正是指在案件裁决过程中，法院必须要以事实为根据，保持中立，不偏不倚，不受任何人或组织而左右；其基本要求是法官不能受任何机关、团体或者个人的干扰，依照法律规定独立行使审判权。它包括实体公正和程序公正两个部分。实体公正是指司法机关应当以事实为根据，公平公正地解决双方纠纷。程序公正是指法院在审理过程中，应严格按照法律规定的诉讼程序，并根据法律程序的内在本质和司法运作机制进行。程序公正要求在司法过程中，对于不涉及国家机密和个人隐私的案件，都应当公开审理，都应当允许公民和媒体旁听，都应当予以公开判决结果。

因此，想要实现司法公正，就必须解决以下问题：一是规范当前法官选拔和评价机制，采取积极可行的办法，全面提高司法工作人员的综合素质，特别是要加强职业道德教育、党风廉政建设；二是财政方面，必须使司法财政系统脱离地方政府，统一由中央财政直接管理；三是积极完善司法救济体系，让公民可以更方便快捷地得到司法帮助，促使公民用法律武器来维护自身的权益；四是逐步完善领导职务任免制度，完善人民代表大会选举制度，加大上级机关的监管力度；五是加强对权力机关的监督，建立和完善我国的司法监督机制，使得司法权可以正确使用；六是提高司法人员的待遇，从而有效地遏制腐败现象的滋生，以维护法律的权威。

2.提高立法质量

法律的品格是由立法的质量决定的。我国在健全社会主义法律体系的过程中，不仅要追求立法的数量和速度，也要重视法律的质量，增强法律的可操作性，提高立法水平。法治的前提是民主政治，每个公民的民主权利得到保障，他们才能真正成为法治的主体，他们参与法治的热情才能被激发。

我们制定法律前，应该以保证公民的基本权利和满足国家需求为前提，这样制定的每一部法律才能得到群众的认可，成为人们强烈的情感需求，具有很高的权威性，为社会各个阶层的老百姓所信任。在不断健全社会主义法律体系的过程中，尤其要重视公民的权利义务体系，让公民成为法律意义上平等的独立主体。首先，要进一步完善公民的基本权利和基本义务体系；其次，要尽快完善司法体系，加强对公民权利的保障，让公民在现实生活中真正地享受到自己的权利。

3. 优化执法环境，提高执法水平

实践证明，建立一个高素质、过硬的行政执法队伍，有助于提高全民族的法律意识，有助于树立法律的权威，有助于法律的贯彻执行。在当代社会，依法行政的重点是依法治官，即行政执法人员的行为关系到法制建设的成败，如果行政执法人员认真履行执法职责，严格依法行政、依法办事，会起到良好的示范带头作用；如果执法者知法犯法，以身试法，就会违背党全心全意为人民服务的宗旨，违背我国公民的意志，其必将损害全国人民的利益。这句话提醒我们，如果执法者违反法律，损害人们的利益，将会使政府和法律丧失权威。这正如有句谚语所言：法律不被信仰，将如同一张废纸。

毋庸讳言，在当今社会，滥用行政权力在一定程度上侵犯着人们的合法权益。久而久之，社会就会陷入"暴力执法"与"暴力抗法"的恶性循环中，对法律权威的树立极其不利。

因此，要把"权力关在笼子里"，严格控制执法者的自由裁量，牢固树立程序正义与实体正义同等重要的观念。应加强以下工作：一是加强对行政执法工作者的法律综合素质教育，提高其权责意识；二是规范行政机关的权力，明确行政机关的职权范围；三是积极推进政府职能工作转变，使其由管理型向服务型转变，同时大力加强社会监督、人大监督和执法监督；四是加强对行政程序的重视，出台相关法律法规。

4. 要增强公职人员的守法观念

要切实加强对公职人员的法制教育，增强其形象意识、角色意识和责任意识，使其真正做到秉公执法，刚正不阿。只有增强国家公职人员特别是执法人员的守法观念，法律的尊严才能得到维护，公民对法律的信仰才能得到维持。

公民最基本的义务是遵纪守法，但是国家公职人员的守法比一般公民的守法更具有必要性和迫切性。首先，人民遵守的法律和法规是由执政党制定的，这要求公职人员必须发挥良好的示范作用，国家公职人员对法律的遵守情况直接影响到普通公民对法律的看法。其次，国家公职人员是法律的执行者和具体操作者，如果其自身行为端正，做出表率，全国人民也会遵守法纪；如果执法者知法犯法，全国人民就会对法律质疑，部分人可能会做出损害国家和人民利益的违法行为。所以加强国家公职人员的守法观念是十分有必要的，如果其不能做出好的表率，人民就会对整个法制体系产生否定性的评价，最终导致法律信仰的危机。

培育民族法治精神的重要环节是加强对国家公职人员尤其是执法、司法人

员的教育和管理，充分发挥他们在依法行政、依法办案方面的示范作用。国家的公职人员是人民选举出来的代替自己掌管一定权力和法律的代表，其言行举止既代表了国家的形象，也需要在人民群众中起到示范作用，而且对人民群众的行为有着潜移默化的影响。我国的法制建设属于政府推进型，这就决定了政府公职人员的法治精神有极其重要的意义。如果国家的公职人员尤其是执法、司法人员的责任感和使命感增强了，在生活中时刻严格要求自己，在人民群众中起到示范作用，人民群众也会学习借鉴。反之，则会降低人民对法律的信仰，使政府和法律的威信丧失。当前国内极少数执法、司法人员徇私枉法，已引起广大人民群众的强烈不满。这也给我们敲响了警钟，如果任其发展下去，必然会导致政府的腐败，进而导致社会风气的全面腐败，法制社会的战略目标也将无法实现。

5. 要强化监督制约机制

为了确保法律能正确地实施，确立法律的权威，使广大人民群众树立法律意识，采用法律监督的手段是十分必要的。想要建立一个健全的法制社会，就必须建立健全监督制约机制，而且监督得越有力，法律的执行力就越好，法律的作用发挥得也越充分。如果在一个遵纪守法的国家，让一个不称职的公职人员去执行良好的法律，那么法律的价值也就不能体现出来，一些腐败现象也会从中滋长。腐败现象的蔓延将使社会丧失对国家、对政府、对党的信任感，导致人们对法律的冷漠甚至反感。

在法制社会，无论在经济领域、行政领域还是在司法领域，都必须加大执法力度，严惩腐败，只有这样，国家的法律制度才能树立威信，人们才能对法律产生信任感，法制观念才能在人民群众中树立起来，社会才能稳定。目前我国已经建立了很多不同性质的监督系统，如立法监督、行政监督、舆论监督等，但是仍需要进一步研究如何在不干预执法和司法活动的同时，发挥它们的最佳效能。只有保证宪法和法律的贯彻落实，我国公民才能树立法律意识。在法律执行的过程中，更需要加大法律监督力度，强化监督制约体制，消除社会腐败现象。

（三）完善培育机制

只有公民的法律意识得到提高，我们的社会主义法治国家的建设才能得以实现，方法是科学立法、高效执法、公正司法和自觉守法相结合。而当务之急是完善培育机制，进一步增强公民的法律意识。因此，建立长期的培育机制是十分有必要的。

1. 完善市场经济制度，推进法律意识培养进程

市场经济是法治经济，培育公民法律意识的驱动力应该以我国的社会主义市场经济为基础。应深化改革开放，从发展和完善社会主义市场经济体制开始，逐步增强公民的法律意识。

首先，市场经济可以提高人们的权利意识。在市场经济模式下，人们更加关心自己的切身利益，更加关注公共资源的公平分配以及法律秩序是否正常合理运行。在市场经济中，人们可以感受到法律对他们的重要性，人们可以运用法律来维护自己的利益，法律已经成为社会生活中的重要组成部分。

其次，市场经济还可以强化人们的诚实守信原则和守法意识。市场经济是一种契约经济，商品的生产、分配以及交换等活动都是通过合同的方式来完成的，如果离开合同，市场经济将不能继续生存。市场经济的发展，以及人们的合作、团队、诚信守法意识的加强，也促进了公民法律意识的增强。

再次，市场经济的快速发展，必然会打破原来的社会资源分配体制。计划经济以行政权力为分配手段，而市场经济以社会需求为分配手段，如果还是按照原有的分配方式，势必会扰乱市场秩序。目前最典型的是国企的政企不分，既是企业，又担负着行政职能，事实证明已严重地阻碍了市场经济的发展，所以要努力实现政企分离，让国企以平等的身份进行竞争，而政府的职能应是为这种竞争提供良好的外部环境。政府的经济管理权与相关权力加以法律化和制度化，政府只能在法律规定的权限内，按照法定程序来行使自己的权力，这样有利于加强政府对法律的驾驭权力。

最后，因市场经济是法治经济，公民对法律意识的认识和了解，更多是从市场经济中体会出来的，如平等交易、诚实信用等原则。所以，市场经济发展得越好，公民的法律意识就越全面。与此同时，市场经济的健康发展，更是离不开法律的保护，可以这样说，没有法律也就没有市场经济，如果市场经济离开了法律，它将一事无成。

2. 深化政治体制改革，健全社会主义民主制度

民主和法治是相互关联的。民主是法治的政治基础，而没有法治，就没有真正的民主。因此，在培育公民的法律意识时，一定要将民主和法治有机地结合在一起，使两者相辅相成、相互发展。一是扩大政治民主，建立利益平衡机制，形成社会共识，为公民法律意识的培养提供良好的政治基础。二是全面推进法制建设，用新的法律理念为社会转型做宣传，并借此机会赢得社会大多数群众的认可。

经过多年的改革，中国的政治制度已经发生了很大变化，并随着民主政治的不断发展而发展，但我们也清楚地看到，民主政治制度还有许多亟待解决的问题。如人民代表大会制度还需进一步改进和完善；政府的政务公开，老百姓的监督权仍有待提高，以权利制约权力的机制还不健全，腐败现象仍然存在。在这种情况下，为了更快更好地推进民主政治建设，应从以下几个方面入手。

第一，完善民主政治建设，改进和完善基层民主制度，坚持和完善人民代表大会制度，加强人民代表大会及其常务委员会履职尽责的能力，以确保更好地实现人民的意志；不断完善选举制度，充分保证公民的选举权和被选举权，以使公民更全面地参与国家治理和对国家权力的监督。

第二，要坚持中国共产党领导的多党合作和政治协商制度，坚持"长期共存，互相监督"的原则，在选拔任用干部上提高透明度，加强信息公开，明确职权范围，加强对各级领导干部的监督机制，以权利监督权力，完善法律法规，使他们由"不敢做"到"不能做"，从根本上转变不正工作作风，从而形成良好的社会风气。

第三，完善人民代表大会制度，实现党政分开，分清责任，健全约束机制和监督机制，使他们形成良好的监督关系，以确保实现真正的以人为本，实现为人民服务的宗旨。

第四，改变和完善公民参政议政的途径与方法，确保公民可以真正参与到决策中去；扩大基层民主的建设，保证人民的投票权、决策权和监督权，深化民主实践活动；大力培养人们的政治和权利意识，其中自由精神具有重要的作用，它为法制社会的形成提供了坚实的政治基础。

可见，一个国家的民主政治对促进法律意识的培养有一定的作用。如果市场经济的建立和逐步完善是根本的力量，民主政治则是法制建设进步的基本条件。近年来，中国经济虽然发展迅速，但社会矛盾也日益突出。面对这些情况，我们必须用改革的方法去解决现实中的问题，以政治体制改革和转变政府职能为突破口，通过深化民主形式，规范政府的行政行为，加快政府职能转变，真正建立起责任型、法治型、服务型、效能型政府，并促进经济领域和政治领域的进一步改革。随着我国政治体制改革的深入，民主政治会更加完善，人民会更加幸福，中华民族的伟大复兴一定能够实现。

（四）构建民主的立法环境

良法是体现具有中国特色的民主政治要求，体现民主、自由、平等、公正等社会主义核心价值观的法律、法规。用良法治理社会，要求该法律在制定时要体现法治、民主、科学的理念。在立法时，可适当地征求民众的意见，经过专家论证、人民评议后，再决议是否予以施行，从而使公众知道法律并不是当权者一言以蔽之的产物。

（五）严格执法，不断增强公民的法律安全感

司法机关也同样享有执法权，只不过司法机关的执法权体现在案件审判中，被执行人不按照规定的有效期执行法院和检察院的判决、决定时，法院可以强制执行。其中，由于行政机关所行使的行政权力与人们的生活息息相关，行政机关与人们的接触最多，与司法机关相比，侵犯公民权益的可能性更大，因此就会出现这样一个局面：行政机关握有如此大的权力，行政法的宗旨在于控权，当然就要对行政机关行使权力时进行必要的限制，如不得增加公民的义务等，防止其滥施权力，损害公民或组织的合法权利，还公民一个公平合理的保护自身合法权益的机会，不断增强公民的安全感。

五、公民法律意识培养的方法

（一）创造良好的外部环境

良好的外部环境是公民法律意识形成和培养的重要条件。外部环境一般指经济环境、政治环境和文化环境。经济环境方面要大力发展社会主义市场经济，法律意识是市场经济发展到一定程度的产物。政治环境方面要大力推进民主政治建设，因为法制是民主的制度化、法律化，法律意识便是在民主意识的基础上产生的。文化环境方面则要大力加强社会主义精神文明建设。

（二）深入地区、地方开展法制宣传教育活动

社会主义法制体系的制定和实施需要广大人民群众的自觉参与，由于地区和经济发展水平不同的原因，人民群众的受教育水平不一致，这就需要通过广泛的、长期的法制宣传教育来帮助广大人民群众了解法律、理解法律，懂得如何运用法律，增强人民群众的法制观念，当自身利益受到侵害时，懂得如何正确地运用法律武器来维护自己的合法权益。经过多年努力，法制宣传教育活动也取得了很大的成效，这对进一步提高公民的法律意识将会起到巨大的作用。

参考文献

[1] 刘茂林，王广辉. 社会公正与法治国家 [M]. 武汉：武汉大学出版社，2008.

[2] 张金才. 新时期法制建设进程 [M]. 北京：中共党史出版社，2009.

[3] 唐冰开，戚欣. 教育考试法制化问题研究 [M]. 长春：吉林大学出版社，2010.

[4] 邢雁. 法制建设理论与实践 [M]. 郑州：中原农民出版社，2011.

[5] 汪亚光. 新中国民族法制建设探析（1949—1965）[M]. 银川：宁夏人民出版社，2011.

[6] 史保国，年亚贤. 大学生安全与法制教育 [M]. 西安：陕西师范大学出版总社有限公司，2012.

[7] 段小红. 农村法制建设理论及其在陇南的实践 [M]. 兰州：甘肃人民出版社，2013.

[8] 郑德涛，欧真志. 法制建设与和谐社会治理的完善 [M]. 广州：中山大学出版社，2013.

[9] 王海根. 人权与法制简明教程 [M]. 上海：同济大学出版社，2013.

[10] 张光东. 法制宣传教育全覆盖的理论与实践 [M]. 南京：江苏人民出版社，2014.

[11] 杨解君. 面向低碳未来的中国环境法制研究 [M]. 上海：复旦大学出版社，2014.

[12] 张晋藩，陈煜. 辉煌的中华法制文明 [M]. 南京：江苏人民出版社，2015.

[13] 高桂林，陈昊博. 中国农村金融法制创新研究 [M]. 北京：中国法制出版社，2015.

[14] 宋婷. 回溯与反思：新中国成立以来高校法制教育历程研究 [M]. 天津：南开大学出版社，2014.

[15] 解占彩，宋思洁. 法治进行时：中国法制进步的足迹 [M]. 北京：中国言实出版社，2016.

[16] 齐延平. 当代中国的法制转型：以权利为视角的考察 [M]. 济南：山东大学出版社，2016.

[17] 黄来纪，李志强，许文超. 企业集团的公司法制建设研究 [M]. 北京：中国民主法制出版社，2016.

[18] 李旭东. 地方法制原理引论 [M]. 北京：中国民主法制出版社，2016.

[19] 薛秀娟. 困境与出路：中国法制史教学改革 [M]. 长春：东北师范大学出版社，2017.

[20] 胡延玲，张弛. 互联网金融与小微企业融资模式创新法制研究 [M]. 长春：东北师范大学出版社，2017.

[21] 曾翔. 中国当代法制文学的类型文学性质、特征研究 [M]. 北京：北京理工大学出版社，2016.

[22] 陈顾远. 中国法制史概要 [M]. 北京：商务印书馆，2017.

[23] 陈少锋，朱文龙，谢志民. 中央苏区法制建设研究 [M]. 南昌：江西高校出版社，2017.

[24] 梁晨曦. 知识产权融资探究与法制建议 [M]. 长春：吉林人民出版社，2018.

[25] 邢琳. 发展与选择：农村合作金融的现实异化与法制创新 [M]. 长春：东北师范大学出版社，2018.

[26] 陈晓枫，钟盛. 中国传统监察法制与司法文明 [M]. 武汉：武汉大学出版社，2019.

[27] 李秀文，张守波，高晨. 卓越法律人才培养计划背景下法学专业实践教学的改革 [J]. 黑河学院学报，2019，10（11）：125-127.

[28] 刘同君. 新时代卓越法治人才培养的三个基本问题 [J]. 法学，2019（10）：137-148.

[29] 党日红. 高校法学专业人才培养模式的改革与创新 [J]. 劳动保障世界，2019（33）：51.

[30] 袁岳霞. 地方高校卓越法律人才创新能力培养路径探析 [J]. 教育现代化, 2019, 6（A5）：42-43.

[31] 代燕, 周俊, 陆群会, 等. 和谐新农村建设中的农村法制作用和促进措施 [J]. 农技服务, 2020, 37（3）：103-104.

[32] 赵盼. 高校青年学生就业教育中的法律意识培养 [J]. 环渤海经济瞭望, 2020（1）：137.

[33] 姜兴智. "一带一路"倡议下国际化法律人才培养模式研究 [J]. 长春师范大学学报, 2020, 39（1）：154-157.

[34] 王久成. 高校法制培育体系建设的实践研究 [J]. 辽宁高职学报, 2020, 22（9）：5-9.

[35] 尹建宁. 土地革命时期鄂豫皖根据地的法制建设 [J]. 党史文汇, 2020（6）：59-63.

[36] 孙小平, 杨维平. 刍议新时代基层央行强化法制建设的有效路径 [J]. 黑龙江金融, 2020（5）：34-36.

[37] 朱世旭. 和谐社会下经济发展与法制建设的关系研究 [J]. 法制与社会, 2020（8）：11-12.

[38] 黄欣, 吴遵民, 高晓晓. 新中国教育法制建设的嬗变与展望 [J]. 终身教育研究, 2020, 31（1）：10-17.

[39] 孙湘迪. "依法治校"背景下校园法制建设问题的改进对策 [J]. 法制博览, 2019（36）：196-197.